INVESTIR POUR DEMAIN

Un guide complet pour construire la richesse.

2

Un livre complet sur les différentes stratégies d'investissement
pour planifier un avenir financier prospère.

ROBERT WARREN

4

Introduction

L'importance de l'investissement dans la construction de la richesse transcende les époques, représentant un pilier fondamental pour ceux qui aspirent à une stabilité financière et à une croissance patrimoniale. Ce guide exhaustif se propose d'explorer en profondeur les arcanes de l'investissement, offrant une perspective éclairée aux novices tout en apportant des nuances pertinentes pour les investisseurs chevronnés. Au cours de ce périple, nous détaillerons les raisons sous-jacentes à la crucialité de l'investissement, et nous examinerons les diverses stratégies qui s'offrent à vous pour façonner un avenir financier florissant.

L'Essence de l'Investissement

Au cœur de la construction de la richesse réside le principe fondamental de l'investissement. Il ne s'agit pas simplement d'allouer des fonds à des actifs dans l'espoir d'un retour financier, mais plutôt d'adopter une mentalité stratégique qui vise à maximiser la croissance et à minimiser les risques. C'est une philosophie financière qui transcende la simple accumulation de biens matériels, offrant une voie vers une prospérité durable et la réalisation des objectifs financiers à long terme.

La Multiplicité des Stratégies d'Investissement

Lorsque nous entreprenons le voyage de l'investissement, nous découvrons rapidement que ce domaine est vaste et dynamique. Il ne se limite pas à une approche unique, mais offre une myriade de stratégies adaptées à divers profils d'investisseurs. Que vous soyez un débutant cherchant à établir les bases de votre portefeuille ou un professionnel chevronné visant à affiner votre stratégie, la diversité des approches disponibles offre une palette d'options pour répondre à des objectifs financiers variés.

Investir pour Croître

L'une des raisons fondamentales de l'investissement est la possibilité de faire croître son capital. Plutôt que de laisser l'argent dormir, l'investisseur astucieux le met en mouvement, le plaçant dans des actifs qui ont le potentiel de générer des rendements. Que ce soit par le biais du marché boursier, de l'immobilier, ou d'autres classes d'actifs, investir intelligemment permet d'accroître son patrimoine au fil du temps.

Minimiser les Risques, Maximiser les Rendements

Cependant, la croissance de la richesse n'est pas sans son lot de défis et de risques. C'est là que la diversité des stratégies d'investissement intervient de manière cruciale. Certaines approches se concentrent sur la stabilité et la préservation du capital, tandis que d'autres visent des rendements plus élevés, souvent associés à un niveau de risque accru. Comprendre ces nuances et les adapter à votre propre tolérance au risque et à vos objectifs financiers constitue l'essence même de la planification financière avisée.

La Route à Suivre

Au fil des chapitres qui suivront, nous détaillerons chacune de ces stratégies, explorant les mécanismes sous-jacents, évaluant les avantages et inconvénients de chaque approche, et offrant des conseils pratiques pour guider vos décisions d'investissement. Que vous soyez intéressé par les actions, les obligations, l'immobilier, ou d'autres formes d'investissement, ce guide vise à vous armer des connaissances nécessaires pour prendre des décisions éclairées et prospérer sur le marché financier.

La richesse financière est un voyage, pas un aboutissement, et l'investissement éclairé est la voie qui pave la route vers un avenir financier prospère. En plongeant dans les méandres de l'investissement, vous prenez le contrôle de votre destin financier, en construisant les bases d'une richesse qui perdurera à travers les générations. Que ce guide serve de compagnon fiable dans votre quête d'une prospérité financière durable.

1. Les Fondements de l'Investissement

L'investissement est un art et une science qui transcendent les frontières du temps, façonnant le destin financier de ceux qui comprennent ses fondements. Avant de plonger dans les méandres des stratégies d'investissement, il est impératif de maîtriser les termes clés et les principes fondamentaux qui forment le socle de cette discipline. Ce chapitre sert de fondation, définissant les concepts essentiels et offrant une compréhension approfondie des principes fondamentaux du marché financier.

Définition des Termes Clés liés à l'Investissement

Investissement - Le terme "investissement" englobe l'allocation de ressources financières dans le but de générer un revenu ou d'apprécier la valeur au fil du temps. Cela peut prendre différentes formes, de l'achat d'actions et d'obligations à l'investissement dans l'immobilier ou d'autres actifs.

Actif - Un actif est une ressource possédée ou contrôlée par un individu, une entreprise ou une entité financière. Les actions, les obligations, l'immobilier et même les liquidités sont des exemples d'actifs.

Passif - À l'opposé des actifs, les passifs représentent les obligations financières ou les dettes. Cela peut inclure des prêts, des hypothèques ou d'autres engagements financiers qui nécessitent des paiements futurs.

Rendement - Le rendement mesure le gain ou la perte réalisé sur un investissement par rapport à son coût initial. Il peut être exprimé en pourcentage et reflète la performance financière d'un actif sur une période donnée.

Portefeuille - Un portefeuille est l'ensemble des investissements détenus par un individu ou une entité. Il peut être diversifié, regroupant différents types d'actifs pour réduire le risque, ou concentré, se concentrant sur des catégories d'investissements spécifiques.

Dividende - Un dividende est une distribution de bénéfices versée aux actionnaires par une entreprise. Il représente généralement une partie des bénéfices réalisés et constitue l'une des formes de rémunération des investisseurs en actions.

Obligation - Une obligation est un titre de créance émis par une entité, généralement une entreprise ou un gouvernement, pour lever des fonds. Les détenteurs d'obligations reçoivent des intérêts réguliers et sont remboursés du montant principal à l'échéance.

Volatilité - La volatilité mesure la variation des prix d'un actif sur une période donnée. Un actif hautement volatile peut voir ses prix fluctuer considérablement, ce qui peut représenter des opportunités de rendement mais aussi des risques accrus.

Court Terme vs Long Terme - La durée de détention d'un investissement définit s'il est de court terme (généralement moins d'un an) ou de long terme (plus d'un an). Les stratégies d'investissement diffèrent en fonction de cette distinction, avec des implications fiscales spécifiques.

Compréhension des Principes de Base du Marché Financier

Offre et Demande - Les prix sur le marché financier sont largement déterminés par l'offre et la demande. Si la demande pour un actif augmente, son prix a tendance à augmenter, et vice versa.

Risque et Rendement - Il existe une relation intrinsèque entre le risque et le rendement. En règle générale, les investissements plus risqués ont le potentiel de générer des rendements plus élevés, mais ils comportent également des risques de perte plus importants.

Diversification - La diversification est une stratégie visant à réduire le risque en répartissant les investissements sur différents types d'actifs. Cela permet de minimiser l'impact négatif d'une mauvaise performance dans une seule classe d'actifs.

Analyse Fondamentale - L'analyse fondamentale implique l'évaluation des aspects financiers et économiques d'une entreprise ou d'un actif. Cela comprend l'examen des états financiers, des flux de trésorerie et des perspectives de croissance.

Analyse Technique - Contrairement à l'analyse fondamentale, l'analyse technique se concentre sur l'étude des graphiques de prix et d'indicateurs techniques pour anticiper les mouvements futurs du marché.

Effet de Levier - L'effet de levier consiste à utiliser des fonds empruntés pour augmenter la taille d'un investissement. Bien que cela puisse accroître les rendements potentiels, cela augmente également le niveau de risque.

Cycle Économique - Les marchés financiers sont souvent influencés par le cycle économique, caractérisé par des phases d'expansion et de contraction. Comprendre ces cycles peut aider les investisseurs à ajuster leurs stratégies en conséquence.

Inflation - L'inflation, l'augmentation générale des prix des biens et services, peut avoir un impact sur le pouvoir d'achat des investisseurs. Les investisseurs cherchent souvent des actifs qui peuvent maintenir ou dépasser l'inflation.

En maîtrisant ces termes clés et ces principes fondamentaux, vous établissez les bases nécessaires pour naviguer dans le monde complexe de l'investissement. Ce chapitre pose les premières pierres de votre compréhension, préparant le terrain pour les stratégies d'investissement plus avancées à explorer dans les chapitres à venir. Que ces fondements vous guident vers une expertise croissante et des décisions d'investissement éclairées.

2. Comprendre le Profil d'Investisseur

La clé d'un investissement réussi réside non seulement dans la connaissance des marchés financiers, mais également dans une compréhension approfondie de soi-même en tant qu'investisseur. Ce chapitre s'attache à décortiquer le complexe mais essentiel "Profil d'Investisseur". Nous explorerons comment évaluer votre tolérance au risque, une composante cruciale, tout en identifiant et clarifiant vos objectifs financiers personnels. Ces deux éléments, lorsqu'ils sont compris en tandem, forment le socle sur lequel bâtir des stratégies d'investissement durables et adaptées à vos besoins individuels.

Évaluation de la Tolérance au Risque

La tolérance au risque est le pilier sur lequel repose toute stratégie d'investissement. Elle représente la mesure dans laquelle un investisseur peut supporter l'incertitude et les fluctuations du marché sans compromettre son bien-être financier ou émotionnel. Évaluer sa tolérance au risque nécessite une introspection honnête et la prise en compte de plusieurs facteurs.

Horizon Temporel - L'un des premiers éléments à considérer est votre horizon temporel d'investissement. Si vous avez un horizon à long terme, vous pouvez être plus enclin à supporter des fluctuations temporaires, tandis qu'un horizon plus court pourrait nécessiter une approche plus prudente.

Expérience Passée - Votre expérience passée sur les marchés financiers peut également influencer votre tolérance au risque. Si vous avez vécu des périodes de volatilité sans trop de perturbations, vous pourriez être plus à l'aise avec des investissements plus risqués.

Objectifs Financiers - La nature de vos objectifs financiers peut également façonner votre tolérance au risque. Si vous investissez pour des objectifs à long terme, comme la retraite, vous pourriez être en mesure de tolérer davantage de risques.

Capacité Financière - Votre capacité financière à supporter des pertes est une composante essentielle de votre tolérance au risque. Avoir une réserve financière solide peut vous permettre d'adopter une approche plus audacieuse.

Personnalité - La personnalité joue un rôle majeur dans la tolérance au risque. Certains individus sont naturellement plus enclins à rechercher des opportunités risquées, tandis que d'autres privilégient la sécurité et la stabilité.

Identification des Objectifs Financiers Personnels

Comprendre ses objectifs financiers personnels est une étape cruciale pour orienter ses choix d'investissement. Ces objectifs serviront ce boussole, guideront votre stratégie et détermineront le type d'investissements qui correspond le mieux à vos aspirations financières. Pour identifier ces objectifs, il est utile de suivre une approche structurée.

Définir des Objectifs Clairs - Commencez par définir clairement vos objectifs financiers. Cela peut inclure l'achat d'une maison, le financement des études de vos enfants, la constitution d'un fonds de retraite, ou tout autre objectif financier spécifique.

Hiérarchiser les Objectifs - Une fois définis, hiérarchisez vos objectifs en fonction de leur urgence et de leur importance. Cela vous aidera à allouer vos ressources de manière stratégique.

Établir un Horizon Temporel - Chaque objectif doit être associé à un horizon temporel spécifique. Certains objectifs, comme l'achat d'une maison, peuvent avoir un horizon plus court, tandis que la constitution d'un fonds de retraite peut s'inscrire dans une perspective à long terme.

Évaluer les Besoins Financiers - Pour chaque objectif, évaluez les besoins financiers associés. Cela vous aidera à déterminer les montants nécessaires et à adapter votre stratégie d'investissement en conséquence.

Considérer les Changements de Vie - Anticipez les changements de vie potentiels, tels que le mariage, la naissance d'enfants, ou d'autres événements qui pourraient influencer vos besoins financiers. Une planification proactive peut atténuer l'impact de ces changements.

Prendre en Compte les Contraintes de Temps - Les contraintes de temps, telles que les dates d'échéance des paiements pour les études des enfants ou la date de retraite souhaitée, sont des éléments à prendre en compte lors de l'établissement de vos objectifs.

La Synergie entre Tolérance au Risque et Objectifs Financiers

La clé de la réussite réside dans la synergie entre votre tolérance au risque et vos objectifs financiers. Un investissement bien calibré tient compte du niveau de risque que vous êtes prêt à supporter, tout en alignant ces choix sur les objectifs que vous souhaitez atteindre. Si votre tolérance au risque est faible, il peut être judicieux d'opter pour des investissements plus stables, même si les rendements potentiels sont moins élevés. À l'inverse, une tolérance au risque plus élevée peut ouvrir la porte à des investissements plus dynamiques avec un potentiel de rendement plus élevé, mais également un risque accru.

Le Profil d'Investisseur Personnalisé

En conclusion de ce chapitre, l'élaboration de votre profil d'investisseur nécessite un équilibre délicat entre la compréhension de votre tolérance au risque et l'identification de vos objectifs financiers personnels. Ce profil personnalisé guidera vos décisions d'investissement, vous permettant de naviguer dans les complexités des marchés financiers avec confiance et clarté. Que votre profil d'investisseur devienne le socle sur lequel construire une stratégie durable, alignée sur vos aspirations financières uniques.

3. Types d'Investissements

Dans le vaste univers de l'investissement, la diversité des options peut parfois être écrasante. Ce chapitre se propose d'explorer les principaux types d'investissements, offrant un aperçu approfondi des actions, des obligations, des fonds communs de placement, de l'immobilier, et d'autres catégories d'actifs. Chacun de ces types d'investissements présente des avantages et des inconvénients distincts, et la compréhension de ces nuances est essentielle pour construire un portefeuille équilibré et aligné sur vos objectifs financiers.

Actions

Définition - Les actions représentent des parts de propriété dans une entreprise. Lorsque vous détenez des actions, vous devenez actionnaire et avez le droit de participer aux bénéfices de l'entreprise, généralement sous la forme de dividendes, et de voter lors d'assemblées générales.

Avantages

1. **Potentiel de Rendement Élevé:** Les actions offrent un potentiel de rendement élevé, surtout sur le long terme.
2. **Participation aux Bénéfices:** Les actionnaires peuvent bénéficier des bénéfices de l'entreprise, souvent sous la forme de dividendes.

Inconvénients

1. **Volatilité:** Les actions peuvent être sujettes à une forte volatilité, avec des fluctuations de prix importantes.
2. **Risque de Perte en Capital:** En cas de performance médiocre de l'entreprise, le prix des actions peut chuter, entraînant des pertes en capital.

Obligations

Définition - Les obligations sont des titres de créance émis par des gouvernements, des entreprises ou d'autres entités. En achetant une obligation, l'investisseur prête de l'argent à l'émetteur en échange d'un paiement d'intérêts régulier et du remboursement du montant principal à l'échéance.

Avantages

1. **Revenu Régulier:** Les obligations fournissent un revenu régulier sous forme d'intérêts.
2. **Moindre Volatilité:** Comparées aux actions, les obligations sont généralement moins volatiles.

Inconvénients

1. **Rendements Potentiellement Inférieurs:** Les rendements des obligations peuvent être inférieurs à ceux des actions, surtout en période de taux d'intérêt bas.
2. **Risque d'Inflation:** L'inflation peut réduire le pouvoir d'achat des paiements d'intérêts fixes des obligations.

Fonds Communs de Placement (FCP) / Fonds Mutuels

Définition - Les fonds communs de placement sont des véhicules d'investissement collectif où l'argent de plusieurs investisseurs est regroupé pour acheter une diversité d'actifs, tels que des actions, des obligations ou d'autres instruments financiers.

Avantages

1. **Diversification Automatique:** Les fonds communs de placement offrent une diversification instantanée grâce à la gestion professionnelle des fonds.
2. **Accessibilité:** Ils permettent aux investisseurs de participer à une variété d'actifs avec des montants relativement faibles.

Inconvénients

1. **Frais de Gestion:** Certains fonds communs de placement imposent des frais de gestion, réduisant les rendements nets.
2. **Manque de Contrôle Individuel:** Les décisions d'investissement sont prises par un gestionnaire de fonds, privant les investisseurs du contrôle direct.

Immobilier

Définition - L'investissement immobilier implique l'achat, la propriété ou la gestion de biens immobiliers dans le but de générer des revenus ou d'obtenir des gains en capital.

Avantages

1. **Revenus Locatifs:** Les investisseurs peuvent percevoir des revenus locatifs réguliers.
2. **Appréciation de la Valeur:** La valeur des biens immobiliers a tendance à augmenter avec le temps.

Inconvénients

1. **Engagement Financier Important:** L'achat immobilier nécessite souvent un investissement financier significatif.
2. **Gestion Intensive:** La gestion des biens immobiliers peut être intensif, surtout pour les propriétés locatives.

Métaux Précieux

Définition - Les métaux précieux, tels que l'or et l'argent, sont des actifs tangibles souvent utilisés comme hedge contre l'inflation et l'instabilité économique.

Avantages

1. **Protection Contre l'Inflation:** Les métaux précieux ont historiquement servi de refuge contre l'inflation.
2. **Diversification:** Ils offrent une diversification par rapport aux actifs traditionnels comme les actions et les obligations.

Inconvénients

1. **Pas de Revenu Passif:** Contrairement aux actions ou aux obligations, les métaux précieux ne génèrent généralement pas de revenu passif.
2. **Volatilité des Prix:** Les prix des métaux précieux peuvent être soumis à des fluctuations importantes.

Cryptomonnaies

Définition - Les cryptomonnaies, telles que le Bitcoin et l'Ethereum, sont des monnaies numériques basées sur la technologie de la blockchain, souvent utilisées comme moyen d'échange décentralisé.

Avantages

1. **Potentiel de Rendement Élevé:** Les cryptomonnaies ont montré un potentiel de rendement élevé.
2. **Décentralisation:** Elles offrent une alternative décentralisée aux monnaies traditionnelles.

Inconvénients

1. **Volatilité Extrême:** Les cours des cryptomonnaies peuvent être extrêmement volatils.
2. **Manque de Régulation:** Le manque de régulation peut accroître les risques liés à l'investissement.

Avantages et Inconvénients Transversaux

Avantages Transversaux

1. **Diversification:** La diversification au sein d'un portefeuille peut réduire le risque global.
2. **Potentiel de Croissance:** Certains investissements, tels que les actions et les cryptomonnaies, offrent un fort potentiel de croissance.

Inconvénients Transversaux

1. **Risque de Perte:** Tous les investissements comportent un risque de perte de capital.
2. **Complexité:** Certains investissements, comme les dérivés financiers, peuvent être complexes et nécessiter une compréhension approfondie.

La Clé est dans la Diversification

En conclusion de ce chapitre, la clé d'un portefeuille d'investissement robuste réside dans la diversification. Chaque type d'investissement présente des avantages et des inconvénients spécifiques, et l'art de la construction de portefeuille réside dans l'équilibre entre ces différentes classes d'actifs. En comprenant les caractéristiques uniques de chaque type d'investissement, vous pouvez construire un portefeuille résilient, aligné sur vos objectifs financiers et votre tolérance au risque. Que cette exploration des types d'investissements serve de boussole alors que vous naviguez dans les choix riches et variés qui s'offrent à vous sur le vaste océan des marchés financiers.

4. Analyse Fondamentale

Au cœur de toute décision d'investissement éclairée réside l'analyse fondamentale. Cette approche approfondie implique l'étude des fondamentaux des entreprises avant d'investir, mettant en lumière les facteurs économiques et financiers qui influent sur la valeur d'un actif. Ce chapitre décompose le processus complexe de l'analyse fondamentale, offrant des clés pour comprendre les mécanismes internes des entreprises et des marchés.

Étude des Fondamentaux des Entreprises avant d'Investir

L'analyse fondamentale repose sur la conviction que la valeur intrinsèque d'un actif peut être évaluée en examinant de près les fondamentaux de l'entreprise émettrice. Cette démarche exhaustive va au-delà des mouvements de prix à court terme, privilégiant une compréhension approfondie de la santé financière et des perspectives de croissance à long terme. Les éléments clés de cette analyse incluent:

1. **États Financiers:** L'examen des états financiers, tels que le bilan, le compte de résultat et le tableau des flux de trésorerie, offre une vision holistique de la performance financière d'une entreprise. Les ratios financiers dérivés de ces états fournissent des indicateurs cruciaux de la rentabilité, de la stabilité financière et de l'efficacité opérationnelle.

2. **Analyse du Marché:** Comprendre le marché dans lequel une entreprise opère est essentiel. Cela inclut l'évaluation de la concurrence, l'analyse de la demande du marché et la compréhension des tendances sectorielles. Une entreprise prospère souvent dans un environnement favorable à sa mission et à sa vision.

3. **Gouvernance d'Entreprise:** L'évaluation de la gouvernance d'entreprise examine la manière dont une entreprise est dirigée et contrôlée. Les aspects tels que la composition du conseil d'administration, les politiques de rémunération des dirigeants et les pratiques de divulgation jouent un rôle crucial dans la confiance des investisseurs.

4. **Perspectives de Croissance:** Les investisseurs fondamentaux scrutent les perspectives de croissance d'une entreprise. Cela peut inclure l'expansion du

marché, le lancement de nouveaux produits, les partenariats stratégiques, et d'autres facteurs qui peuvent influencer la croissance future.

5. **Facteurs Qualitatifs:** Outre les chiffres, l'analyse fondamentale examine des facteurs qualitatifs tels que la réputation de l'entreprise, son avantage concurrentiel, sa capacité d'innovation et son engagement envers la responsabilité sociale des entreprises (RSE).

6. **Management:** L'équipe de direction joue un rôle central dans le succès d'une entreprise. L'expérience, la vision stratégique et la capacité à naviguer dans des situations complexes sont des éléments clés évalués dans l'analyse fondamentale.

Facteurs Économiques et Financiers à Considérer

L'analyse fondamentale ne se limite pas à l'entreprise individuelle. Elle s'étend également à l'évaluation des facteurs économiques et financiers qui peuvent influencer l'environnement dans lequel l'entreprise opère. Voici quelques-uns de ces facteurs:

1. **Cycle Économique:** Comprendre la phase du cycle économique est crucial. Les entreprises réagissent différemment pendant les périodes d'expansion et de contraction. Certaines industries prospèrent pendant la croissance, tandis que d'autres sont plus stables pendant les ralentissements.

2. **Taux d'Intérêt:** Les taux d'intérêt ont un impact significatif sur les coûts d'emprunt des entreprises. Des taux bas peuvent stimuler l'investissement et la croissance, tandis que des taux élevés peuvent augmenter les coûts d'emprunt, affectant la rentabilité.

3. **Inflation:** L'inflation peut éroder le pouvoir d'achat et influencer les coûts de production. Les entreprises capables de maintenir ou d'augmenter leurs prix face à l'inflation sont souvent mieux positionnées.

4. **Politiques Gouvernementales:** Les décisions gouvernementales, telles que les politiques fiscales, les réglementations industrielles et les initiatives économiques, peuvent avoir un impact significatif sur les entreprises.

5. **Conditions du Marché:** L'analyse fondamentale prend en compte les conditions générales du marché financier, y compris la liquidité, la volatilité et les tendances à long terme. Ces éléments peuvent influencer la performance des investissements.

6. Événements Géopolitiques: Les tensions géopolitiques, les conflits et les changements dans les relations internationales peuvent avoir des répercussions sur les marchés mondiaux et les entreprises multinationales.

Avantages de l'Analyse Fondamentale

1. **Investissement Fondé sur des Faits:** L'analyse fondamentale s'appuie sur des données concrètes, offrant une base solide pour la prise de décision.
2. **Perspective à Long Terme:** En se concentrant sur les fondamentaux, l'analyse fondamentale favorise une perspective à long terme, idéale pour les investisseurs cherchant à construire une richesse durable.
3. **Identification d'Opportunités Sous-Évaluées:** L'examen minutieux des fondamentaux peut révéler des opportunités d'investissement sous-évaluées, offrant un potentiel de rendement attractif.

Inconvénients de l'Analyse Fondamentale

1. **Temps et Ressources:** L'analyse fondamentale demande du temps et des ressources considérables. L'examen approfondi des états financiers, des rapports annuels et d'autres données peut être une tâche complexe.
2. **Incertitude du Futur:** Même avec une analyse fondamentale approfondie, le futur reste incertain. Les événements imprévus peuvent avoir un impact significatif sur la performance d'une entreprise.

Un Pilier Essentiel de la Décision d'Investissement

En conclusion, l'analyse fondamentale est un pilier essentiel de la décision d'investissement. Elle offre une compréhension profonde des entreprises et des forces économiques qui les entourent. L'investisseur averti intègre cette analyse dans sa démarche, cherchant à aligner son portefeuille avec des entreprises solides, bien gérées et bien positionnées pour prospérer dans un environnement en constante évolution. Que cette plongée dans l'analyse fondamentale serve de guide alors que vous explorez les opportunités d'investissement, avec la clarté que seul un examen approfondi des fondamentaux peut apporter.

5. Analyse Technique

Dans le vaste royaume de la prise de décision d'investissement, l'analyse technique se distingue comme une approche qui repose sur les mouvements passés des prix pour anticiper les futurs. Ce chapitre plonge dans les arcanes de l'analyse technique, explorant comment les graphiques et les indicateurs peuvent guider les décisions d'investissement. Nous introduirons également les principales méthodes utilisées dans cette discipline captivante.

Utilisation de Graphiques et d'Indicateurs pour Prendre des Décisions d'Investissement

L'analyse technique part du principe que l'historique des prix et des volumes peut fournir des indications sur les tendances futures. Les graphiques, représentant ces données de manière visuelle, deviennent ainsi des outils clés pour les analystes techniques. Les indicateurs, tels que les moyennes mobiles, les bandes de Bollinger et les oscillateurs, complètent cette approche en fournissant des informations supplémentaires sur la force d'une tendance, les niveaux de surachat ou de survente, et d'autres paramètres cruciaux.

Graphiques: Fenêtres sur le Passé et l'Avenir

Types de Graphiques

1. **Graphique en Barres:** Ce type de graphique représente chaque période par une barre verticale, indiquant le prix d'ouverture, de clôture, le plus haut et le plus bas. Imaginez chaque jour comme une barre qui montre où le prix a commencé, où il a fini, et les points les plus hauts et les plus bas.

2. **Graphique en Bougies Japonaises:** Ces graphiques présentent chaque période sous forme de bougies, chaque bougie représentant l'ouverture, la clôture, le plus haut et le plus bas. Ces graphiques ressemblent à des bougies et montrent de manière visuelle si les prix ont monté ou baissé sur une période donnée.

3. **Graphique Linéaire:** Ce graphique relie simplement les prix de clôture à travers le temps, offrant une vision plus simplifiée de l'évolution des prix. Un graphique simple qui relie les points de clôture pour montrer comment les prix évoluent.

Supports et Résistances

L'analyse technique identifie des niveaux de support et de résistance. Les niveaux de support sont des seuils en dessous desquels les prix ont du mal à descendre, tandis que les niveaux de résistance sont des seuils au-dessus desquels les prix ont du mal à monter. Ces zones peuvent indiquer des points d'achat ou de vente stratégiques pour les investisseurs. Pensez à ces niveaux comme des planchers (supports) et des plafonds (résistances) que les prix ont du mal à passer. Ces zones peuvent être des moments stratégiques pour acheter ou vendre.

Tendances et Lignes de Tendance

Identifier les tendances est un élément clé de l'analyse technique. Les lignes de tendance sont tracées en reliant les points bas (dans une tendance haussière) ou les points hauts (dans une tendance baissière). Une ligne de tendance peut fournir des indications sur la direction générale du marché et des points d'inversion potentiels. Les tendances sont comme des vagues dans l'océan des prix. Les lignes de tendance les suivent, montrant la direction générale du marché.

Indicateurs Techniques: Des Boussoles dans le Labyrinthe des Marchés

1. Moyenne Mobile

La moyenne mobile est un indicateur qui lisse les fluctuations de prix en calculant la moyenne des prix sur une période donnée. Les moyennes mobiles peuvent être utilisées pour identifier des tendances et des signaux d'achat ou de vente lorsque des croisements se produisent. C'est comme une vague lisse dans un océan parfois agité. La moyenne mobile adoucit les hauts et les bas des prix, aidant à voir la direction générale.

2. Bandes de Bollinger

Les bandes de Bollinger sont constituées de deux bandes qui entourent une moyenne mobile. Elles mesurent la volatilité du marché et peuvent aider à identifier les niveaux de surachat ou de survente. Les prix qui touchent les limites des bandes peuvent indiquer des points d'inversion potentiels. Imaginez que les prix sont comme des balles rebondissant entre deux murs élastiques. Les bandes de Bollinger montrent quand les prix sont peut-être trop hauts ou trop bas.

3. Indicateur de Force Relative (RSI)

Le RSI mesure la force et la vitesse d'un mouvement de prix. Il varie de 0 à 100, avec des niveaux de surachat généralement au-dessus de 70 et des niveaux de survente en dessous de 30. Le RSI peut indiquer des points où un actif est potentiellement suracheté ou survendu. Pensez à cela comme un indicateur de fatigue. Si une action a couru trop vite, le RSI peut vous dire qu'elle pourrait avoir besoin de faire une pause.

4. Oscillateurs

Les oscillateurs, tels que le Stochastique et le MACD, mesurent la dynamique des prix. Ils peuvent indiquer des zones où une tendance est sur le point de s'inverser. Les divergences entre les oscillateurs et les prix peuvent également signaler des changements imminents. Ce sont comme des feux de signalisation qui peuvent vous dire si une tendance est peut-être sur le point de changer. Si le feu clignote en rouge, soyez attentif !

5. Volume de Transactions

Le volume représente la quantité d'actifs échangée pendant une période donnée. L'analyse du volume peut confirmer la validité d'une tendance. Des augmentations du volume pendant une tendance peuvent indiquer la force de cette tendance, tandis que des baisses du volume peuvent signaler un affaiblissement. C'est le bruit de fond du marché. Si beaucoup de gens achètent ou vendent, cela peut être un signe que quelque chose d'important se passe.

Principales Méthodes d'Analyse Technique

1. Analyse de Tendance

L'analyse de tendance repose sur l'idée que les marchés ont tendance à suivre des directions spécifiques pendant des périodes prolongées. Les analystes techniques identifient ces tendances à l'aide de lignes de tendance, de moyennes mobiles et d'autres outils graphiques. Si les prix montent, ils ont tendance à continuer à monter. Si les prix descendent, ils ont tendance à continuer à descendre. Suivez la vague !

2. Analyse de Retournement

Cette méthode cherche à identifier les points où une tendance pourrait s'inverser. Les indicateurs comme les divergences et les modèles de chandeliers, tels que les étoiles du matin ou du soir, sont utilisés pour repérer des signes de retournement de tendance. Imaginez que la tendance est comme une route, et un retournement est comme un panneau qui dit "changer de direction à venir". Les signes peuvent être subtils, mais ils valent la peine d'être repérés.

3. Analyse de Continuation

L'analyse de continuation suppose que les tendances en cours ont plus de chances de se poursuivre que de s'inverser. Les analystes techniques utilisent des indicateurs et des motifs pour identifier des opportunités de trading dans le sens de la tendance existante. Si tout semble bien aller, pourquoi ne pas continuer dans la même direction ? Cette méthode suppose que les tendances en cours ont tendance à se poursuivre.

Avantages de l'Analyse Technique

1. **Réactivité aux Changements de Prix:** L'analyse technique est particulièrement réactive aux changements de prix, ce qui peut être avantageux pour les investisseurs à court terme.
2. **Utilisation de Signaux Clair:** Les indicateurs techniques génèrent souvent des signaux clairs d'achat ou de vente, facilitant la prise de décision.

Inconvénients de l'Analyse Technique

1. **Dépendance aux Données Passées:** L'analyse technique repose sur des données passées, ce qui signifie qu'elle peut ne pas anticiper correctement des événements futurs imprévus.
2. **Complexité des Outils:** Certains outils d'analyse technique peuvent être complexes à interpréter pour les investisseurs novices.

L'Art de la Lecture des Graphiques

En conclusion, l'analyse technique offre un ensemble fascinant d'outils pour les investisseurs cherchant à comprendre et anticiper les mouvements des marchés financiers. Les graphiques et les indicateurs deviennent les cartes et les boussoles de l'analyste technique, offrant des perspectives sur les tendances et les points d'entrée potentiels. Que cet aperçu des arcanes de l'analyse technique serve de tremplin alors que vous explorez les nuances captivantes de cette discipline, reliant le passé, le présent et l'avenir dans une danse complexe de chiffres et de lignes.

6. Stratégies à Court Terme vs à Long Terme - Trouver l'Alignement avec vos Objectifs Financiers

Investir et trader peuvent sembler être des termes interchangeables, mais ils impliquent souvent des approches différentes dans la gestion de son argent. Ce chapitre explore les nuances entre les stratégies à court terme et à long terme, en mettant en lumière la comparaison entre ces deux approches et en soulignant l'importance d'aligner vos stratégies avec vos objectifs financiers.

Comparaison des Approches de Trading à Court et à Long Terme

Stratégie à Court Terme

1. **Horizon Temporel:** Les traders à court terme, souvent appelés day traders, visent à profiter des fluctuations quotidiennes des marchés. Leur horizon temporel est généralement de quelques heures à quelques jours.

2. **Fréquence des Opérations:** Les traders à court terme effectuent de nombreuses opérations en une seule journée, capitalisant sur de petits mouvements de prix. Leur objectif est de clôturer leurs positions avant la fin de la séance.

3. **Analyse Technique Prédominante:** L'analyse technique est une arme clé pour les traders à court terme. Les graphiques, indicateurs et modèles de prix sont scrutés minutieusement pour prendre des décisions rapides.

4. **Stress et Pression:** Le trading à court terme peut être intense et stressant. Les décisions rapides et la nécessité d'être constamment attentif aux marchés peuvent créer une pression importante.

Stratégie à Long Terme

1. **Horizon Temporel:** Les investisseurs à long terme adoptent une perspective de plusieurs années, voire décennies. Ils cherchent à capitaliser sur la croissance à long terme des entreprises et des marchés.

2. **Fréquence des Opérations:** Les investisseurs à long terme ne sont pas préoccupés par les fluctuations quotidiennes. Ils effectuent généralement moins d'opérations et sont plus enclins à conserver des positions pendant des périodes prolongées.

3. **Analyse Fondamentale Prédominante:** L'analyse fondamentale est cruciale pour les investisseurs à long terme. Ils examinent les états financiers, les perspectives de croissance et d'autres facteurs fondamentaux pour prendre des décisions d'investissement.

4. **Patience et Sérénité:** Les investisseurs à long terme ont besoin de patience. Ils comprennent que les marchés peuvent connaître des hauts et des bas, mais ils sont confiants dans la croissance à long terme.

Alignement des Stratégies avec les Objectifs Financiers

Objectifs Financiers à Court Terme

1. **Génération de Revenus Rapides:** Les stratégies à court terme sont souvent utilisées pour générer des revenus rapidement. Cela peut être utile pour répondre à des besoins financiers immédiats.

2. **Gestion de Liquidités:** Les traders à court terme peuvent rechercher des opportunités de profit rapide pour gérer leurs liquidités et réagir aux conditions changeantes du marché.

3. **Spéculation sur les Mouvements de Prix:** Les traders à court terme spéculent sur les mouvements de prix à court terme. Ils cherchent à exploiter les tendances éphémères du marché.

Objectifs Financiers à Long Terme

1. **Croissance du Capital à Long Terme:** Les investisseurs à long terme cherchent à faire croître leur capital sur une période prolongée, souvent pour des objectifs tels que la retraite ou l'éducation des enfants.

2. **Protection contre l'Inflation:** En investissant à long terme, les investisseurs cherchent à protéger leur pouvoir d'achat contre l'inflation et à bénéficier de la croissance économique à long terme.

3. **Constitution de Patrimoine:** L'objectif à long terme est souvent de constituer un patrimoine qui peut être transmis aux générations futures.

Conseils pour Trouver l'Équilibre

1. **Définissez vos Objectifs Financiers:** Avant de choisir une stratégie, clarifiez vos objectifs financiers. Avez-vous besoin de revenus rapides ou visez-vous la croissance à long terme ?

2. **Évaluez votre Tolérance au Risque:** Les stratégies à court terme peuvent être plus risquées en raison de la volatilité du marché. Évaluez votre tolérance au risque avant de choisir votre approche.

3. **Diversifiez Votre Portefeuille:** La diversification est une stratégie clé pour atténuer les risques, quelle que soit votre approche. Même les traders à court terme peuvent bénéficier d'une diversification intelligente.

4. **Soyez Réaliste:** Soyez réaliste quant à vos compétences et à votre capacité à gérer le stress. Le trading à court terme n'est pas pour tout le monde, tout comme l'investissement à long terme nécessite de la patience.

Trouver l'Harmonie entre le Court et le Long Terme

En conclusion, choisir entre les stratégies à court terme et à long terme dépend de vos objectifs financiers, de votre tolérance au risque et de votre horizon temporel. Les deux approches ont leurs avantages et leurs inconvénients, et la clé réside souvent dans la diversification. Que ce chapitre vous guide dans la recherche de l'harmonie entre le court et le long terme, vous aidant à construire une stratégie d'investissement qui aligne vos actions avec vos aspirations financières à toutes les étapes de votre vie.

7. La Diversification de Portefeuille - Maîtriser l'Art de Gérer les Risques

La diversification de portefeuille est un principe fondamental dans le monde de l'investissement. Dans ce chapitre, nous explorerons l'importance cruciale de la diversification pour atténuer les risques financiers. De plus, nous fournirons des conseils pratiques pour mettre en œuvre une stratégie de diversification efficace, afin que votre portefeuille soit mieux préparé à affronter les vents changeants des marchés.

Importance de la Diversification pour Atténuer les Risques

1. Réduction de la Volatilité:

La diversification vise à répartir vos investissements sur différents actifs, secteurs et classes d'actifs. En faisant cela, vous réduisez la volatilité globale de votre portefeuille. Alors qu'un actif peut subir des fluctuations significatives, d'autres peuvent maintenir ou augmenter leur valeur, créant un équilibre.

2. Protection contre les Chocs de Marché:

Les marchés financiers sont influencés par une multitude de facteurs, y compris l'économie mondiale, les taux d'intérêt, la politique et les événements mondiaux. En diversifiant votre portefeuille, vous créez une protection contre les chocs de marché qui pourraient avoir un impact disproportionné sur un actif spécifique.

3. Amélioration du Profil Risque-Rendement:

La diversification offre l'opportunité d'améliorer le profil risque-rendement de votre portefeuille. En mélangeant des actifs qui ont des rendements potentiels différents, vous cherchez à maximiser les gains tout en limitant les pertes potentielles.

4. Adaptation aux Conditions de Marché Changeantes:

Les conditions de marché évoluent constamment. Une stratégie de diversification permet à votre portefeuille de s'adapter à ces changements. Par exemple, lorsque les actions sont sous pression, des investissements dans des obligations ou des actifs plus stables peuvent atténuer les pertes.

5. Préservation du Capital:

En évitant la mise « tous les œufs dans le même panier », la diversification aide à préserver votre capital. Si un investissement ne se comporte pas comme prévu, d'autres actifs peuvent compenser ces pertes, limitant ainsi l'impact global sur votre portefeuille.

Conseils Pratiques pour une Diversification Efficace

1. Identifiez vos Objectifs et Votre Tolérance au Risque:

Avant de diversifier votre portefeuille, clarifiez vos objectifs financiers et évaluez votre tolérance au risque. Ces facteurs guideront le processus de sélection des actifs et détermineront le niveau de diversification nécessaire.

2. Choisissez des Classes d'Actifs Variées:

Diversifiez votre portefeuille en investissant dans différentes classes d'actifs. Les principales classes d'actifs comprennent les actions, les obligations, l'immobilier et les liquidités. Chacune réagit différemment aux conditions du marché.

3. Explorez des Secteurs et des Régions Géographiques Différents:

Les secteurs de l'économie et les régions géographiques peuvent réagir de manière distincte aux influences externes. En investissant dans divers secteurs et régions, vous réduisez le risque de pertes liées à des événements spécifiques à un secteur ou à une région.

4. Utilisez des Véhicules d'Investissement Variés:

Optez pour une diversification au sein de chaque classe d'actifs en utilisant différents véhicules d'investissement. Par exemple, dans la classe d'actifs des actions, vous pouvez investir dans des actions individuelles, des fonds communs de placement, des ETF ou des fonds indiciels.

5. Considérez la Corrélation entre les Actifs:

La corrélation mesure la relation entre les mouvements de prix de deux actifs. Un coefficient de corrélation proche de zéro indique une faible corrélation, offrant une diversification plus efficace. Comprenez comment les actifs interagissent pour optimiser votre portefeuille.

6. Surveillez et Ajustez Régulièrement:

Les conditions du marché évoluent, tout comme vos objectifs financiers. Surveillez régulièrement votre portefeuille pour vous assurer qu'il reste en phase avec vos besoins. Rééquilibrez-le si nécessaire pour maintenir la diversification.

7. Restez Informé:

Les informations et les événements économiques peuvent influencer les marchés. Restez informé sur les actualités financières, les politiques économiques et d'autres facteurs qui pourraient avoir un impact sur votre portefeuille.

Diversification à travers les Cycles Économiques

Les cycles économiques comprennent des phases d'expansion, de pic, de récession et de creux. Chaque phase peut affecter différemment les classes d'actifs. Une stratégie de diversification intelligente tiendra compte de ces cycles, ajustant l'allocation d'actifs en conséquence.

Phase d'Expansion:

Pendant les phases d'expansion, les actions ont tendance à bien performer. Les obligations d'entreprise peuvent également être attractives. Les investissements immobiliers peuvent bénéficier de la hausse de l'activité économique.

Phase de Pic:

À mesure que l'économie atteint son sommet, les investisseurs peuvent se tourner vers des actifs plus défensifs, tels que les obligations gouvernementales. La diversification peut inclure une réduction de l'exposition aux actions.

Phase de Récession:

Les périodes de récession peuvent voir une sous-performance des actions. Les obligations de qualité supérieure et les actifs refuges, tels que l'or, peuvent jouer un rôle dans la diversification pendant cette phase.

Phase de Creux:

Pendant la phase de creux, les actions peuvent offrir des opportunités d'achat attractives. La diversification peut impliquer un rééquilibrage vers une exposition plus importante aux actions.

Cas Concrets Illustrant la Diversification de Portefeuille

1. **Sophie - Diversification entre Actions et Obligations:** Sophie, une investisseuse avisée, a choisi de diversifier son portefeuille entre actions et obligations. Alors qu'elle bénéficie du potentiel de croissance des actions, elle atténue également les risques en incluant des obligations dans son portefeuille.

Cette stratégie a aidé Sophie à maintenir un équilibre entre rendement et stabilité, adapté à son profil d'investisseur.

2. **Alexandre et Léa - Diversification Sectorielle:** Alexandre et Léa ont diversifié leur portefeuille en investissant dans différents secteurs. Plutôt que de concentrer leurs fonds dans une seule industrie, ils ont réparti leurs investissements entre la technologie, la santé, et l'énergie. Cette approche a contribué à réduire l'impact des fluctuations spécifiques à un secteur sur leur portefeuille global.

3. **Marc - Diversification Géographique:** Marc, conscient des risques liés à la concentration géographique, a choisi de diversifier son portefeuille à l'échelle mondiale. En investissant dans des marchés internationaux, il se protège contre les variations économiques spécifiques à une région. Cette diversification géographique a offert à Marc une exposition équilibrée aux opportunités mondiales.

4. **Émilie - Diversification par Types d'Actifs:** Émilie a adopté une approche holistique en diversifiant son portefeuille à travers différents types d'actifs. En plus des actions et des obligations, elle a inclus des placements alternatifs tels que l'immobilier et les matières premières. Cette diversification étendue a contribué à minimiser les risques tout en optimisant les rendements potentiels.

5. **Vincent - Diversification à travers les Tailles d'Entreprises:** Vincent a choisi de diversifier son portefeuille en investissant à travers les tailles d'entreprises. En plus des grandes capitalisations, il a alloué des fonds aux petites et moyennes capitalisations. Cette stratégie vise à tirer parti des différentes performances potentielles de ces segments du marché.

6. **Nadia - Diversification par Stratégies d'Investissement:** Nadia, investisseuse expérimentée, a intégré différentes stratégies d'investissement pour diversifier son portefeuille. Elle combine des actions de croissance, des actions de valeur et des investissements à revenu fixe. Cette diversification stratégique lui permet de s'adapter aux cycles du marché tout en visant des rendements constants.

7. **Antoine et Clara - Diversification à travers les Classes d'Actifs:** Antoine et Clara ont diversifié leur portefeuille à travers différentes classes d'actifs. En plus des actions et des obligations, ils ont inclus des investissements dans des biens immobiliers et des fonds alternatifs. Cette approche multidimensionnelle vise à réduire la volatilité tout en optimisant la performance globale.

8. **Lucas - Diversification à travers les Devises:** Lucas, conscient des risques liés aux fluctuations des devises, a diversifié son portefeuille en incluant des investissements dans différentes monnaies. Cette stratégie a pour objectif de minimiser l'impact des mouvements monétaires sur la valeur de son portefeuille global.

Ces exemples concrets démontrent comment la diversification de portefeuille peut prendre différentes formes, s'adaptant aux besoins, aux objectifs et au profil de risque de chaque investisseur. En intégrant ces stratégies de diversification, les investisseurs peuvent atténuer les risques tout en maximisant les opportunités de rendement.

Un portefeuille robuste à travers les vents du changement

En conclusion, la diversification de portefeuille est un principe essentiel pour atténuer les risques et construire un portefeuille robuste. En répartissant judicieusement vos investissements à travers différentes classes d'actifs, secteurs et régions, vous créez une défense contre les incertitudes des marchés financiers. Que ce chapitre serve de guide alors que vous maîtrisez l'art de gérer les risques, vous permettant de naviguer avec confiance à travers les vents du changement économique.

8. Investir dans l'Immobilier - Bâtir des bases solides pour un avenir financier prospère

L'investissement immobilier, une avenue puissante pour construire une richesse durable, offre une combinaison unique de stabilité et de potentiel de croissance. Dans ce chapitre, nous explorerons les stratégies d'investissement immobilier qui peuvent servir de fondation solide à votre portefeuille. De plus, nous plongerons dans les considérations fiscales liées à l'immobilier, un aspect crucial souvent négligé.

Stratégies d'Investissement Immobilier

1. **Acheter et Détenir:** La stratégie la plus classique consiste à acheter un bien immobilier pour le conserver sur le long terme. Cela peut inclure des maisons unifamiliales, des appartements ou des biens commerciaux. L'objectif est généralement d'appréhender la croissance à long terme de la valeur du bien tout en bénéficiant des revenus locatifs.

2. **Location Saisonnière:** Investir dans des propriétés destinées à la location saisonnière peut être une stratégie lucrative, surtout dans des zones touristiques prisées. Cela offre la possibilité de générer des revenus élevés pendant les périodes de pointe tout en conservant la flexibilité d'utilisation de la propriété à d'autres moments.

3. **Investissement Locatif Traditionnel:** La location résidentielle traditionnelle reste une stratégie populaire. Acquérir des propriétés résidentielles pour les louer à des locataires à long terme peut fournir une source stable de revenus, bien que généralement moins élevée que la location saisonnière.

4. **Investissement dans les Biens Commerciaux:** Les biens immobiliers commerciaux, tels que les bureaux, les entrepôts ou les locaux commerciaux, offrent des opportunités d'investissement distinctes. Les contrats de location à long terme avec des entreprises peuvent garantir des revenus stables, bien que les exigences de gestion puissent être plus importantes.

5. **Flipping Immobilier:** La stratégie de "flipping" implique d'acheter une propriété sous-évaluée, de la rénover et de la revendre rapidement à un prix plus élevé. Bien que potentiellement lucrative, cette approche comporte des

risques et nécessite une expertise en rénovation et en estimation de la valeur immobilière.

6. **Investissement en Fonds Immobiliers:** Pour ceux qui souhaitent investir dans l'immobilier sans acquérir physiquement des propriétés, les fonds immobiliers peuvent être une option. Ces fonds permettent d'investir dans un portefeuille diversifié de biens immobiliers gérés par des professionnels.

7. **Crowdfunding Immobilier:** Le crowdfunding immobilier permet à plusieurs investisseurs de contribuer financièrement à un projet immobilier. Cela offre une opportunité de diversification avec des investissements relativement petits, bien que les retours puissent être plus modestes que dans les projets individuels.

Considérations Fiscales liées à l'Immobilier

1. **Déductions Fiscales pour les Propriétaires:** Les propriétaires peuvent bénéficier de plusieurs déductions fiscales, y compris les intérêts hypothécaires, les taxes foncières, les coûts de réparation et d'entretien, ainsi que l'amortissement du coût de la propriété sur plusieurs années.

2. **Avantages de l'Investissement Locatif:** Les propriétaires qui louent leur propriété peuvent déduire les frais de gestion, les coûts de publicité, les frais de réparation et d'entretien, ainsi que les intérêts sur les prêts immobiliers. Cependant, les règles fiscales varient en fonction du statut de la propriété (résidence principale ou investissement locatif).

3. **Réduction d'Impôt pour l'Amortissement:** Les propriétaires peuvent amortir le coût de leurs propriétés sur plusieurs années, ce qui peut réduire leur revenu imposable. Cependant, cela crée une charge fiscale future lorsque la propriété est vendue, car l'amortissement antérieur doit être remboursé.

4. **Éviter les Taxes sur les Plus-Values:** En vendant une propriété, les propriétaires peuvent être soumis à des taxes sur les plus-values. Cependant, certaines exemptions sont disponibles, notamment pour les résidences principales et pour ceux qui réinvestissent les gains dans une nouvelle propriété.

5. **Considérations pour les Entreprises Immobilières:** Les entreprises immobilières peuvent bénéficier de structures fiscales spécifiques. Les sociétés de personnes, les sociétés en commandite et les sociétés par actions peuvent offrir des avantages fiscaux, mais les implications varient en fonction de la juridiction et de la nature de l'activité.

6. **Impact des Règles Locales et Nationales:** Les lois fiscales liées à l'immobilier peuvent varier considérablement d'un pays à l'autre et même à l'intérieur d'un pays. Il est essentiel de comprendre les règles fiscales locales et nationales pour optimiser la gestion fiscale de vos investissements immobiliers.

7. **Professionnalisme et Expertise Fiscale:** En raison de la complexité des règles fiscales liées à l'immobilier, il est souvent recommandé de faire appel à des professionnels de la fiscalité spécialisés dans l'immobilier. Un expert peut vous aider à maximiser les déductions, minimiser les impôts et assurer une conformité totale avec les lois fiscales en vigueur.

Conseils pour les Investisseurs Immobiliers

1. **Recherche Approfondie:** Avant d'investir, effectuez une recherche approfondie sur le marché immobilier local, les tendances du secteur, les taux d'occupation et les perspectives de croissance. Une compréhension solide du marché est essentielle pour des décisions d'investissement éclairées.

2. **Évaluation Rigoureuse:** Lors de l'achat d'une propriété, assurez-vous de mener une évaluation rigoureuse. Cela comprend une inspection approfondie, une analyse des coûts de rénovation (si applicable) et une évaluation de la valeur potentielle d'appréciation.

3. **Diversification Immobilière:** Si vous choisissez d'investir dans l'immobilier, envisagez de diversifier vos investissements. Ne misez pas uniquement sur un type de propriété ou un emplacement spécifique pour réduire les risques.

4. **Comprendre les Risques et les Coûts Associés:** L'investissement immobilier peut comporter des risques et des coûts supplémentaires tels que les taxes foncières, les frais d'entretien, les charges de copropriété et les fluctuations du marché. Soyez conscient de ces facteurs et incluez-les dans vos projections financières.

5. **Suivi Régulier:** Une fois que vous avez investi, assurez-vous de suivre régulièrement la performance de votre investissement. Soyez prêt à ajuster votre stratégie en fonction des évolutions du marché et des conditions économiques.

Bâtir une richesse durable avec l'investissement immobilier

En conclusion, l'investissement immobilier offre une gamme diversifiée de stratégies, chacune avec ses avantages et ses défis. Que vous choisissiez de devenir propriétaire, de louer saisonnièrement, de participer au crowdfunding immobilier ou d'explorer d'autres avenues, comprendre les stratégies d'investissement immobilier est essentiel pour bâtir une richesse durable. De plus, une connaissance approfondie des considérations fiscales liées à l'immobilier peut vous aider à maximiser les avantages fiscaux et à optimiser votre rendement sur investissement. Que ce chapitre serve de guide dans votre parcours vers la construction d'une richesse solide à travers l'immobilier, une brique à la fois.

9. Investir dans les Entreprises Innovantes

Investir dans les entreprises innovantes représente une porte d'entrée vers le futur de l'économie. Ce chapitre explore les opportunités d'investissement passionnantes que ces entreprises peuvent offrir, tout en fournissant des conseils sur la manière d'évaluer les risques et les avantages associés à ce domaine dynamique.

Exploration des Opportunités d'Investissement dans les Entreprises Innovantes

1. Startups Technologiques: Les startups technologiques sont souvent au cœur de l'innovation. Elles développent de nouvelles technologies, des applications, des logiciels et des services qui peuvent perturber les industries existantes. Investir dans ces startups à un stade précoce peut offrir des rendements significatifs si elles réussissent à percer sur le marché.

2. **Biotechnologie et Santé:** Le secteur de la biotechnologie propose des avancées majeures dans les domaines de la santé, de la médecine et de la recherche. Les investissements dans des entreprises travaillant sur des traitements innovants, des thérapies géniques ou des technologies médicales révolutionnaires peuvent contribuer à des avancées médicales tout en offrant des opportunités financières.

3. **Énergies Renouvelables:** L'accent croissant sur le développement durable a créé des opportunités d'investissement dans les énergies renouvelables. Les entreprises axées sur les sources d'énergie propre, telles que l'énergie solaire, éolienne et hydraulique, attirent l'attention des investisseurs cherchant à soutenir des initiatives écologiques tout en réalisant des bénéfices.

4. **Intelligence Artificielle et Robotique:** L'intelligence artificielle (IA) et la robotique transforment rapidement divers secteurs, de l'automatisation industrielle à la prise de décision assistée par l'IA. Les entreprises innovantes dans ces domaines peuvent être des candidats intéressants pour les investissements, car elles façonnent l'avenir de la technologie.

5. **Blockchain et Cryptomonnaies:** La technologie de la blockchain et les cryptomonnaies ont émergé comme des forces perturbatrices dans les services financiers et au-delà. Les investissements dans des entreprises travaillant sur des applications blockchain, des solutions de paiement cryptographique ou des projets

de finance décentralisée peuvent offrir des opportunités dans ce domaine en évolution rapide.

6. **Économie de la Connaissance:** L'économie de la connaissance met l'accent sur la création, la gestion et l'utilisation de la connaissance. Les entreprises qui se concentrent sur l'éducation en ligne, les plateformes de collaboration, et les technologies de l'information peuvent être des choix prometteurs pour les investisseurs souhaitant soutenir l'essor de cette économie émergente.

7. **Innovation dans l'Industrie:** Les entreprises axées sur l'innovation dans des secteurs traditionnels, tels que la fabrication, la logistique et la construction, peuvent également offrir des opportunités d'investissement. Les technologies telles que l'Internet des objets (IoT) et l'automatisation transforment ces industries, créant de nouvelles possibilités.

Évaluation des Risques et des Avantages

1. **Risques de l'Innovation:** Investir dans des entreprises innovantes comporte des risques uniques. Les nouvelles technologies et concepts peuvent ne pas être largement adoptés, entraînant des pertes financières. La volatilité et l'incertitude sont des caractéristiques inhérentes à l'innovation, nécessitant une approche prudente.

2. **Recherche et Due Diligence:** La recherche approfondie et la due diligence sont cruciales lors de l'évaluation des opportunités d'investissement. Comprendre la vision de l'entreprise, son modèle commercial, son équipe de direction, et les tendances du marché est essentiel pour prendre des décisions éclairées.

3. **Gestion de Portefeuille Équilibrée:** Les investisseurs devraient maintenir un équilibre dans leur portefeuille en diversifiant les investissements. Bien que les entreprises innovantes puissent offrir un potentiel de croissance élevé, il est important de ne pas négliger la stabilité offerte par des investissements plus traditionnels.

4. **Tendance et Adaptabilité:** Les investisseurs doivent être attentifs aux tendances du marché et à la capacité des entreprises à s'adapter. Les secteurs innovants évoluent rapidement, et les entreprises qui réussissent sont celles capables de rester à la pointe de l'innovation.

5. **Évaluation des Performances Passées:** Examiner les performances passées d'une entreprise peut fournir des indications sur sa capacité à exécuter ses plans et à générer des rendements pour les investisseurs. Cependant, il est important de noter que le succès passé ne garantit pas nécessairement le succès futur.

6. **Gestion du Temps:** Les investissements dans des entreprises innovantes peuvent nécessiter une perspective à long terme. Les technologies émergentes

peuvent prendre du temps pour se développer et atteindre leur plein potentiel. Les investisseurs doivent être prêts à patienter tout en surveillant attentivement l'évolution des marchés.

7. **Facteurs Réglementaires et Éthiques:** Certains secteurs innovants, tels que la biotechnologie et la cryptomonnaie, peuvent être soumis à des réglementations strictes. Les investisseurs doivent prendre en compte les implications réglementaires et éthiques lors de l'évaluation des entreprises dans ces domaines.

Naviguer avec sagesse dans le monde de l'innovation

En conclusion, investir dans les entreprises innovantes offre des opportunités passionnantes pour les investisseurs visionnaires. Cependant, cela vient également avec des défis uniques qui nécessitent une approche réfléchie. La clé réside dans la recherche approfondie, la gestion équilibrée du portefeuille et la compréhension des risques spécifiques liés à l'innovation. Que ce chapitre serve de guide alors que vous explorez le monde fascinant de l'investissement dans les entreprises innovantes, un pas audacieux vers le futur de la prospérité financière.

10. Investissement Éthique et Durable

L'investissement éthique et durable a émergé comme une force motrice dans le monde financier, soulignant l'importance de générer des rendements tout en contribuant positivement à la société et à l'environnement. Ce chapitre explore l'approche d'investissement alignée sur des valeurs éthiques et durables, ainsi que l'impact social et environnemental des investissements dans ce domaine.

Approche d'Investissement Alignée sur des Valeurs Éthiques et Durables

1. **Intégration des Critères Environnementaux, Sociaux et de Gouvernance (ESG):** L'investissement éthique et durable repose souvent sur l'intégration des critères ESG dans le processus de sélection des investissements. Les critères ESG évaluent la performance d'une entreprise en matière environnementale, sociale et de gouvernance, permettant aux investisseurs de prendre des décisions éclairées.

2. **Investissement Socialement Responsable (ISR):** L'ISR se concentre sur la sélection d'investissements basée sur des critères sociaux et environnementaux. Les investisseurs cherchent à soutenir des entreprises qui acoptent des pratiques responsables en matière de travail, de droits de l'homme, d'éthique des affaires et de responsabilité environnementale.

3. **Financement Participatif (Crowdfunding) Éthique:** Le crowdfunding éthique permet aux investisseurs de financer des projets qui ont un impact positif sur la société et l'environnement. Ces projets peuvent aller de l'énergie renouvelable à la création d'entreprises sociales, offrant une manière directe de soutenir des initiatives alignées sur des valeurs éthiques.

4. **Investissement d'Impact:** L'investissement d'impact vise à générer des rendements financiers tout en créant un impact social ou environnemental mesurable. Les investisseurs choisissent des entreprises ou des projets qui ont la capacité de résoudre des problèmes sociaux ou environnementaux tout en offrant des retours financiers.

5. **Exclusion des Secteurs Controversés:** Certains investisseurs éthiques choisissent d'exclure certains secteurs controversés de leur portefeuille, tels que le tabac, l'armement ou les industries extractives. Cette approche, connue sous le nom

de désinvestissement, reflète un engagement à ne pas soutenir des industries considérées comme préjudiciables.

6. **Vote par Procuration et Engagement des Actionnaires:** Les investisseurs éthiques peuvent exercer leur influence en participant au vote par procuration lors des assemblées d'actionnaires. De plus, l'engagement actif avec les entreprises sur les questions ESG peut encourager l'adoption de pratiques plus durables.

Impact Social et Environnemental des Investissements

1. **Création d'Emplois Durables:** Les investissements éthiques peuvent contribuer à la création d'emplois durables en soutenant des entreprises qui adoptent des pratiques équitables en matière de travail et qui investissent dans le développement de compétences de leurs employés.

2. **Développement de Communautés Locales:** Les projets d'investissement éthique peuvent avoir un impact positif sur les communautés locales. Cela peut inclure le financement de projets de logement abordable, de services de santé communautaires ou de programmes éducatifs.

3. **Transition vers les Énergies Renouvelables:** Les investissements dans les énergies renouvelables contribuent à la transition vers des sources d'énergie plus propres. Cela soutient la lutte contre le changement climatique et favorise la durabilité environnementale.

4. **Promotion de l'Égalité des Genres:** Les entreprises qui adoptent des politiques favorisant l'égalité des genres peuvent être privilégiées par les investisseurs éthiques. Ces investissements contribuent à la promotion de l'équité des genres dans le monde des affaires.

5. **Protection de la Biodiversité:** Certains investissements éthiques se concentrent sur la protection de la biodiversité. Cela peut inclure le financement de projets de conservation, la promotion de pratiques agricoles durables et le soutien aux initiatives de préservation de l'environnement.

6. **Accès à des Produits et Services Essentiels:** Les investissements éthiques peuvent viser à améliorer l'accès à des produits et services essentiels, tels que l'éducation, la santé et le logement, particulièrement dans les régions où ces besoins sont insuffisamment satisfaits.

7. **Réduction des Émissions de Carbone:** Les investissements dans des initiatives visant à réduire les émissions de carbone contribuent à l'atténuation du changement climatique. Cela peut inclure le financement de projets d'énergie propre, la recherche sur les technologies de capture du carbone et le soutien à des pratiques industrielles durables.

Défis et Considérations Critiques

1. **Performance Financière:** L'un des défis souvent soulevés est la question de la performance financière des investissements éthiques. Certains craignent que l'alignement sur des critères éthiques puisse compromettre les rendements. Cependant, des études montrent de plus en plus que les investissements éthiques peuvent être concurrentiels sur le plan financier.

2. **Définitions Variables de l'Éthique:** L'interprétation de ce qui est considéré comme éthique peut varier d'un investisseur à l'autre. Certains investisseurs peuvent exclure certaines industries, tandis que d'autres peuvent privilégier l'engagement direct avec les entreprises pour favoriser le changement.

3. **Complexité des Critères ESG:** L'évaluation des critères ESG peut être complexe et subjective. Les investisseurs doivent s'efforcer d'utiliser des méthodologies transparentes et rigoureuses pour évaluer les performances des entreprises sur ces critères.

4. **Éducation des Investisseurs:** Il existe souvent un besoin d'éducation accrue des investisseurs sur les implications et les avantages des investissements éthiques. Une compréhension approfondie des critères ESG et de l'impact potentiel peut favoriser des décisions d'investissement plus informées.

Façonner un Avenir Responsable par l'Investissement Éthique et Durable

En conclusion, l'investissement éthique et durable offre une avenue puissante pour les investisseurs souhaitant aligner leurs portefeuilles sur des valeurs sociales et environnementales. Les opportunités d'investissement dans des entreprises et des projets qui contribuent positivement à la société sont nombreuses. Bien que des défis subsistent, l'impact social et environnemental positif peut être une récompense significative pour les investisseurs conscients de leur responsabilité. Que ce chapitre serve de guide alors que vous explorez le monde de l'investissement éthique et durable, une étape essentielle vers la création d'un avenir financier et mondial plus responsable.

11. Planification de la Retraite

La planification de la retraite est une étape cruciale dans la vie financière, marquant la transition vers une période où les revenus proviennent souvent de sources différentes de celles de la vie active. Ce chapitre explore l'élaboration d'une stratégie d'investissement pour la retraite et la gestion judicieuse des actifs pendant cette phase cruciale de la vie.

Élaboration d'une Stratégie d'Investissement pour la Retraite

1. **Déterminer les Objectifs de Retraite:** Avant de définir une stratégie d'investissement, il est essentiel de déterminer vos objectifs de retraite. Quels sont vos besoins financiers prévus pendant la retraite? Considérez les dépenses liées au logement, aux soins de santé, aux loisirs et aux voyages.

2. **Évaluation de la Tolérance au Risque:** Comprendre votre tolérance au risque est crucial. Alors que la prise de risque peut être bénéfique pour la croissance des investissements, elle doit être équilibrée par votre capacité à supporter des fluctuations éventuelles du marché, en particulier lorsque les revenus de la retraite sont en jeu.

3. **Diversification du Portefeuille:** La diversification reste une pierre angulaire de la stratégie d'investissement pour la retraite. Répartir les investissements sur différentes classes d'actifs, telles que les actions, les obligations et les placements alternatifs, peut aider à atténuer les risques tout en visant un rendement optimal.

4. **Épargne Régulière et Investissements Prudents:** La période de préretraite est le moment idéal pour intensifier les épargnes et les investissements prudents. Des contributions régulières à des comptes de retraite tels que les 401(k) ou les IRA, couplées à des investissements réfléchis, peuvent contribuer à renforcer votre portefeuille.

5. **Considérations Fiscales:** Les avantages fiscaux peuvent jouer un rôle crucial dans la planification de la retraite. Explorez des comptes tels que les comptes de retraite individuels (IRA) ou les comptes d'épargne santé (HSA) qui offrent des avantages fiscaux spécifiques.

6. **Adaptabilité de la Stratégie:** Une stratégie d'investissement pour la retraite doit être adaptable. Tenez compte des changements de circonstances, tels que des

fluctuations dans les dépenses de santé, et ajustez votre stratégie en conséquence pour assurer une sécurité financière continue.

7. **Planification Successorale:** Intégrez la planification successorale dans votre stratégie d'investissement pour garantir une transition en douceur de vos actifs aux générations futures. Des instruments tels que les fiducies et les dispositions successorales peuvent jouer un rôle essentiel.

Gestion des Actifs pendant la période de Retraite

1. **Évaluation des Besoins de Revenus:** Une fois à la retraite, évaluez vos besoins de revenus. Considérez les dépenses essentielles et discrétionnaires pour déterminer le montant dont vous aurez besoin pour maintenir votre style de vie souhaité.

2. **Stratégies de Retrait Prudentes:** Développez des stratégies de retrait prudentes pour maximiser la durée de vie de vos actifs. Considérez des approches telles que le taux de retrait sécurisé, qui vise à minimiser le risque d'épuisement prématuré des fonds.

3. **Gestion de la Séquence des Retraits:** La séquence des retours, ou l'ordre dans lequel vous retirez des fonds de différentes sources, peut avoir un impact significatif sur la durée de vie de votre portefeuille. Soyez conscient de la gestion de cette séquence pour optimiser vos actifs.

4. **Allocation d'Actifs Dynamique:** Bien que votre tolérance au risque diminue généralement à mesure que vous vieillissez, maintenir une allocation d'actifs dynamique est crucial. Un portefeuille équilibré peut aider à préserver le capital tout en visant des rendements raisonnables.

5. **Considérations Fiscales à la Retraite:** Soyez attentif aux implications fiscales des retraits de vos différents comptes de retraite. Les distributions d'un compte de retraite traditionnel peuvent être imposables, tandis que certaines distributions de comptes fiscalement avantageux, comme un Roth IRA, peuvent être exemptes d'impôts.

6. **Planification des Soins de Santé:** Anticipez les coûts liés aux soins de santé pendant la retraite. Investissez dans des comptes d'épargne santé, envisagez une assurance maladie complémentaire et explorez d'autres moyens de couvrir les dépenses médicales.

7. **Réévaluation Périodique:** La gestion des actifs pendant la retraite nécessite une réévaluation périodique. Suivez l'évolution de vos besoins, de la performance du marché et des changements de réglementation pour apporter des ajustements nécessaires.

8. **Protection contre l'Inflation:** Considérez les stratégies pour protéger votre portefeuille contre l'inflation, car cela peut affecter le pouvoir d'achat au fil du temps. Certains investissements, tels que les actions et les biens immobiliers, peuvent servir de couverture contre l'inflation.

Défis et Préoccupations Spécifiques à la Retraite

1. **Longévité et Risque d'Épuisement des Actifs:** Avec l'augmentation de l'espérance de vie, la gestion du risque d'épuisement des actifs devient cruciale. Les retraités doivent planifier pour une retraite potentielle de plusieurs décennies et ajuster leur stratégie en conséquence.

2. **Évolution des Besoins de Santé:** Les besoins de santé peuvent évoluer à mesure que vous vieillissez. Anticipez les coûts potentiels des soins de longue durée et assurez-vous d'avoir les ressources nécessaires pour faire face à ces dépenses.

3. **Héritage et Transfert de Patrimoine:** Si vous avez l'intention de léguer un héritage, intégrez cette considération dans votre stratégie de retraite. Des instruments tels que les fiducies et les dispositions successorales peuvent faciliter le transfert de patrimoine.

4. **Adaptation aux Conditions Économiques:** Soyez prêt à adapter votre stratégie en fonction des conditions économiques. Des périodes de volatilité des marchés peuvent nécessiter des ajustements pour protéger votre capital.

Cas Concrets Illustrant la Planification de la Retraite

1. **Mélanie et Thomas - Diversification et Économie d'Impôts:** Mélanie et Thomas, un couple préparant leur retraite, ont opté pour une stratégie diversifiée. Ils ont investi dans un portefeuille équilibré, comprenant des actions, des obligations et des biens immobiliers. Mélanie a également maximisé ses contributions à un compte de retraite individuel (IRA) traditionnel, profitant ainsi d'avantages fiscaux. Cette approche les a aidés à accumuler des actifs tout en minimisant leur fardeau fiscal à long terme.

2. **Charles - Planification Successorale et Transfert de Patrimoine:** Charles, un retraité soucieux de léguer un héritage à sa famille, a élaboré une stratégie de retraite incluant des instruments de planification successorale. Il a créé une fiducie et désigné des bénéficiaires spécifiques pour ses comptes de retraite. Cette démarche

lui permet de transférer efficacement son patrimoine à ses descendants tout en minimisant les implications fiscales.

3. **Sophie - Gestion des Actifs et Séquence des Retraits:** Sophie, récemment retraitée, se concentre sur la gestion judicieuse de ses actifs. Elle a développé une stratégie de retrait prudente, débutant par des distributions de comptes fiscalement avantageux comme son Roth IRA. Cette approche vise à minimiser l'impact fiscal tout en assurant que ses actifs durent pendant toute sa retraite.

4. **Marc et Isabelle - Adaptabilité de la Stratégie:** Marc et Isabelle, un couple en retraite, ont démontré l'importance de l'adaptabilité. Lorsqu'ils ont rencontré des frais médicaux imprévus, ils ont ajusté leur stratégie de retrait pour couvrir ces coûts sans compromettre leur sécurité financière à long terme. Leur flexibilité a assuré une tranquillité d'esprit continue.

5. **Eva - Gestion de la Séquence des Retraits et Protection contre l'Inflation:** Eva, une retraitée proactive, a élaboré une stratégie de gestion de la séquence des retours et de protection contre l'inflation. Elle a structuré son portefeuille avec des investissements offrant une certaine stabilité, tout en s'assurant que ses revenus augmentent avec le coût de la vie. Cette approche vise à garantir que son pouvoir d'achat reste intact au fil des ans.

6. **Antoine - Transition vers les Énergies Renouvelables:** Antoine, passionné par la durabilité, a orienté sa retraite vers des investissements éthiques. Il a dirigé une partie de ses actifs vers des entreprises engagées dans les énergies renouvelables, contribuant ainsi à la transition vers des sources d'énergie plus propres tout en tirant parti du potentiel de croissance de ce secteur en pleine expansion.

7. **Louise - Soins de Santé et Planification des Dépenses:** Louise, une retraitée soucieuse des coûts de santé, a intégré la planification des soins de santé dans sa stratégie de retraite. Elle a investi dans un compte d'épargne santé (HSA) et souscrit une assurance maladie complémentaire pour anticiper les dépenses médicales futures. Cette prévoyance lui a permis de faire face aux coûts de santé sans compromettre son bien-être financier.

Chacun de ces cas concrets met en lumière l'importance de stratégies spécifiques à la retraite, montrant comment une approche réfléchie peut répondre aux besoins individuels et assurer une sécurité financière continue pendant cette phase de vie cruciale.

Naviguer Sagement vers des Années Dorées

En conclusion, la planification de la retraite exige une approche stratégique et une gestion prudente des actifs. Élaborer une stratégie d'investissement adaptée à vos besoins spécifiques et gérer judicieusement vos actifs pendant la retraite sont des étapes essentielles pour assurer une sécurité financière continue. Que ce chapitre serve de guide alors que vous naviguez avec sagesse vers vos années dorées, une période de la vie qui mérite d'être vécue avec tranquillité d'esprit et prospérité financière.

12. Investir pour les Événements de la Vie

Investir pour les événements de la vie est une approche stratégique visant à anticiper et à financer les grandes étapes que nous rencontrons tout au long de notre parcours. Que ce soit le mariage, l'achat d'une maison, l'éducation des enfants, ou d'autres jalons significatifs, des stratégies d'investissement adaptées peuvent contribuer à une planification financière solide et à la réalisation de ces objectifs. Dans ce chapitre, nous explorerons diverses stratégies pour naviguer financièrement à travers ces grandes étapes, en illustrant chaque concept avec des exemples concrets.

Stratégies d'investissement adaptées aux grandes étapes de la vie

1. **Mariage et Début de Vie à Deux:** Le mariage marque souvent le début d'une vie à deux, accompagné de changements financiers significatifs. Pour anticiper ces événements, les couples peuvent envisager des investissements conjoints, tels que des comptes d'épargne communs et des placements adaptés à des objectifs financiers partagés. Les fonds d'urgence prennent également une importance accrue pour faire face à d'éventuels imprévus.

Exemple: Caroline et Julien, fraîchement mariés, ont créé un compte d'épargne commun pour financer leur lune de miel et ont investi dans des fonds à faible risque pour préparer l'achat de leur première maison.

2. **Achat d'une Maison et Investissements Immobiliers:** L'achat d'une maison est l'une des plus grandes étapes de la vie. Les stratégies d'investissement peuvent inclure l'épargne spécifique pour la mise de fonds, la diversification des investissements immobiliers et la considération des taux d'intérêt hypothécaires pour optimiser le financement.

Exemple: Thomas et Émilie ont commencé à investir dans l'immobilier locatif pour constituer un portefeuille générant des revenus complémentaires, les aidant ainsi à rembourser plus rapidement leur prêt hypothécaire.

3. **Éducation des Enfants et Planification des Études:** La planification pour l'éducation des enfants implique souvent des investissements à long terme. Les comptes d'épargne éducation, tels que les comptes 529 aux États-Unis, peuvent être des outils essentiels. Les parents peuvent également envisager des investissements à rendement stable pour garantir la croissance de ces fonds.

Exemple: Sophie et Louis ont ouvert un compte d'épargne éducation pour leur enfant dès sa naissance, investissant dans des fonds indiciels à long terme pour financer ses études universitaires.

4. **Retraite Anticipée et Investissements à Long Terme:** Pour ceux envisageant une retraite anticipée, les stratégies d'investissement devraient viser à maximiser les rendements à long terme. L'allocation d'actifs diversifiée, l'investissement régulier dans des comptes de retraite et la gestion prudente des risques sont des composants clés.

Exemple: Marc, planifiant une retraite anticipée, a adopté une approche agressive en investissant une partie importante de son portefeuille dans des actions mondiales à fort potentiel de croissance.

Illustration avec des Exemples Concrets

1. **Le Cas d'Ana et Julien:** Ana et Julien, un jeune couple, ont récemment décidé de se marier. Pour anticiper les changements financiers liés à cette nouvelle étape, ils ont opté pour une approche commune. Ils ont ouvert un compte d'épargne conjoint pour les dépenses de mariage et ont commencé à investir dans des fonds diversifiés en prévision de l'achat d'une maison. Cette stratégie les aide à fusionner leurs ressources financières et à travailler ensemble vers des objectifs communs.

2. **Investir pour l'Éducation - L'Exemple de Malik:** Malik, conscient de l'importance de l'éducation, a commencé à investir pour les études futures de ses enfants dès leur jeune âge. Il a choisi des comptes d'épargne éducation et a investi dans des fonds indiciels axés sur l'éducation. Grâce à cette approche à long terme, Malik vise à offrir à ses enfants la possibilité d'accéder à l'enseignement supérieur sans stress financier excessif.

3. **Préparer la Retraite - Le Chemin de Louise:** Louise, approchant de l'âge de la retraite, a réorienté son portefeuille pour répondre à ses besoins post-retraite. Elle a ajusté son allocation d'actifs en réduisant progressivement le risque et en augmentant la part des investissements à revenu fixe. Cette stratégie vise à préserver le capital tout en générant un revenu stable pour ses années de retraite.

4. **L'Approche Immobilière de Pierre et Marie:** Pierre et Marie ont intégré l'immobilier à leur stratégie d'investissement en acquérant une propriété locative. Ils ont utilisé les revenus générés par cette propriété pour rembourser une partie de leur prêt hypothécaire et pour financer d'autres investissements. Cette approche d'investissement immobilier contribue à diversifier leur portefeuille et à créer des flux de trésorerie supplémentaires.

En investissant pour les événements de la vie, chaque individu peut personnaliser sa stratégie pour atteindre des objectifs spécifiques à chaque étape. Ces exemples concrets illustrent comment des stratégies adaptées à chaque grande étape peuvent contribuer à une planification financière réussie et à la réalisation de projets de vie significatifs. Que ce chapitre serve de guide pour naviguer avec sagesse à travers ces moments clés.

13. Gestion des Risques

La gestion des risques est un aspect essentiel de toute stratégie d'investissement réussie. Comprendre les risques financiers et mettre en œuvre des techniques pour les minimiser sont des compétences cruciales pour tout investisseur. Dans ce chapitre, nous explorerons la complexité des risques financiers, offrant des perspectives sur la compréhension de ces risques et présentant des techniques pratiques pour les atténuer. Nous illustrerons chaque concept avec des exemples concrets tirés de situations réelles.

Compréhension des Risques Financiers

1. **Risques du Marché:** Les fluctuations du marché sont inévitables et peuvent avoir un impact significatif sur la valeur des investissements. Les risques du marché incluent la volatilité des cours des actions, les variations des taux de change et les changements macroéconomiques. Une compréhension approfondie de ces risques permet aux investisseurs de prendre des décisions éclairées.

Exemple: Lors de la crise financière de 2008, de nombreux investisseurs ont subi des pertes importantes en raison de la chute brutale des cours des actions et de la dévaluation de certains actifs.

2. **Risques de Crédit:** Les risques de crédit découlent de la possibilité que l'émetteur d'une obligation ou d'un instrument financier ne puisse pas rembourser sa dette. Cela peut se produire en raison de difficultés financières de l'émetteur. La compréhension des notations de crédit et des conditions du marché du crédit est cruciale pour évaluer ce risque.

Exemple: En 2020, la pandémie a entraîné des difficultés financières pour de nombreuses entreprises, augmentant les risques de crédit pour les investisseurs détenant des obligations d'entreprises touchées.

3. **Risques Opérationnels:** Les risques opérationnels résultent de défaillances internes liées aux processus, aux employés, aux systèmes et aux événements externes inattendus. Cela inclut les erreurs de gestion, les défaillances technologiques et les catastrophes naturelles. Une gestion efficace de ces risques est cruciale pour assurer la continuité des opérations.

Exemple: Une erreur de trading due à un problème informatique a conduit à des pertes massives pour la société de trading Knight Capital en 2012.

4. **Risques Législatifs et Réglementaires:** Les changements dans la législation et la réglementation peuvent avoir un impact significatif sur les investissements. Les investisseurs doivent rester informés des développements juridiques qui pourraient affecter leurs actifs.

Exemple: L'introduction de nouvelles réglementations dans l'industrie pharmaceutique peut influencer les performances des entreprises du secteur.

Techniques pour Minimiser les Risques liés à l'Investissement

1. **Diversification de Portefeuille:** La diversification est une stratégie clé pour minimiser les risques. Elle implique la répartition des investissements sur différents types d'actifs, secteurs et régions géographiques. Cela permet de réduire l'impact négatif d'une sous-performance spécifique.

Exemple: Un investisseur diversifié détient des actions dans différents secteurs tels que la technologie, la santé et l'énergie, minimisant ainsi son exposition à un seul secteur.

2. **Utilisation d'Instruments Financiers pour Couvrir les Risques:** Les instruments financiers tels que les options, les contrats à terme et les produits dérivés peuvent être utilisés pour couvrir certains risques. Par exemple, un investisseur peut acheter une option de vente pour se protéger contre une baisse des cours des actions.

Exemple: Un gestionnaire de portefeuille utilise des contrats à terme pour protéger contre la fluctuation des taux de change dans un environnement international.

3. **Évaluation Rigoureuse des Entreprises et des Émetteurs:** Une recherche approfondie sur les entreprises et les émetteurs d'obligations peut aider à identifier les risques spécifiques. L'analyse des états financiers, des perspectives sectorielles et des performances passées est cruciale pour évaluer la solidité d'un investissement.

Exemple: Les analystes financiers évaluent la santé financière d'une entreprise en examinant ses ratios financiers, sa gestion de la dette et ses perspectives de croissance.

4. **Gestion Active du Portefeuille:** Une gestion active du portefeuille implique une surveillance continue et des ajustements en fonction des conditions du marché. Les

gestionnaires de portefeuille peuvent réagir rapidement aux changements économiques et ajuster les allocations d'actifs en conséquence.

Exemple: Un gestionnaire de fonds rééquilibre régulièrement le portefeuille en vendant des actifs surperformants et en achetant des actifs sous-performants pour maintenir l'allocation cible.

Illustration avec des Exemples Concrets

1. **Cas d'Étude: Gestion des Risques par Diversification** - Caroline, une investisseuse prudente, a diversifié son portefeuille entre actions, obligations et placements immobiliers. Lorsqu'une crise économique a affecté le secteur technologique, la diversification de Caroline a atténué l'impact sur la valeur totale de son portefeuille.

2. **Cas d'Étude: Couverture des Risques par les Options** - Marc, un investisseur avisé, a anticipé une volatilité accrue sur le marché des changes en raison d'événements géopolitiques. Il a utilisé des options pour se protéger contre une dépréciation de sa devise locale, limitant ainsi les pertes potentielles.

3. **Cas d'Étude: Évaluation Rigoureuse des Obligations** - Sophie, envisageant d'investir dans des obligations d'entreprises, a réalisé une analyse approfondie de la santé financière des émetteurs potentiels. Elle a évité d'investir dans des obligations émises par des entreprises présentant des signes de faiblesse financière.

4. **Cas d'Étude: Gestion Active du Portefeuille** - Thomas, un investisseur actif, a réagi rapidement à une baisse soudaine des cours des actions en ajustant son portefeuille. En vendant des actions surperformantes et en investissant dans des secteurs moins impactés, Thomas a limité les pertes et a même profité des opportunités de rachat à des prix attractifs.

En naviguant dans le monde complexe de l'investissement, la gestion des risques est la boussole qui guide les investisseurs vers la sécurité financière. Comprendre les risques, les anticiper et mettre en œuvre des stratégies pour les atténuer sont des compétences essentielles. Que ce chapitre serve de guide pratique pour naviguer prudemment, minimiser les risques et maximiser les opportunités d'un avenir financier prospère.

14. Psychologie de l'Investissement

L'investissement n'est pas seulement une affaire de chiffres et de graphiques; il est profondément ancré dans la psychologie humaine. Comprendre comment les émotions influencent les décisions d'investissement est essentiel pour naviguer avec succès sur les marchés financiers. Dans ce chapitre, nous explorerons l'impact des émotions sur les choix d'investissement, en fournissant des conseils pratiques pour maintenir la sérénité et la rationalité, même lorsque les vagues émotionnelles du marché menacent de perturber le cap.

L'Influence des Émotions sur les Décisions d'Investissement

1. **La Peur et la Cupidité:** La peur et la cupidité sont des émotions puissantes qui peuvent influencer les investisseurs de manière significative. La peur peut conduire à des décisions impulsives de vendre lorsque les marchés chutent, tandis que la cupidité peut inciter à prendre des risques excessifs pendant les périodes de hausse.

Exemple: Pendant une correction du marché, de nombreux investisseurs ont vendu leurs actions par crainte de pertes supplémentaires, manquant ainsi les opportunités de reprise.

2. **L'Aversion aux Pertes:** Les investisseurs ont souvent une aversion aux pertes, ce qui peut les amener à prendre des décisions basées sur l'évitement des pertes plutôt que sur la recherche de gains. Cette aversion peut entraîner une vente précipitée d'actifs en baisse, même si cela va à l'encontre d'une stratégie à long terme.

Exemple: Vendre des actions en perte pour éviter de subir davantage de pertes, plutôt que de maintenir une perspective à long terme.

3. **L'Excès de Confiance:** L'excès de confiance peut pousser les investisseurs à surestimer leurs capacités d'analyse et à prendre des décisions trop risquées. Cela peut conduire à des investissements non diversifiés ou à des paris spéculatifs basés sur des convictions excessives.

Exemple: Un investisseur surestimant sa capacité à prédire les mouvements du marché et investissant une grande partie de son portefeuille dans une seule action.

4. **La Panique Collective:** Lorsque le marché subit des turbulences importantes, la panique collective peut s'installer. Cela peut entraîner des ventes massives et des

mouvements irrationnels basés sur la crainte plutôt que sur une analyse fondamentale.

Exemple: Les ventes massives pendant les crises financières, alimentées par la panique collective, peuvent conduire à des baisses de marché irrationnelles.

Conseils pour Rester Calme et Rationnel

1. **Adopter une Perspective à Long Terme:** Garder une perspective à long terme permet de mettre en perspective les fluctuations à court terme du marché. Les investisseurs qui ont une vision à long terme sont moins susceptibles de réagir de manière excessive aux mouvements quotidiens du marché.

Exemple: Les investisseurs qui ont résisté à la tentation de vendre pendant des corrections passagères ont souvent bénéficié de reprises ultérieures.

2. **Établir un Plan d'Investissement Solide:** Un plan d'investissement bien défini agit comme un guide en période d'incertitude. Il spécifie des objectifs clairs, une allocation d'actifs appropriée et des stratégies pour faire face aux fluctuations du marché. Suivre ce plan aide à éviter les décisions impulsives basées sur les émotions.

Exemple: Un plan d'investissement peut inclure des règles spécifiques sur le rééquilibrage du portefeuille en fonction des objectifs à long terme.

3. **Pratiquer la Diversification:** La diversification du portefeuille réduit le risque lié à la concentration d'actifs. En investissant dans une variété d'actifs, les investisseurs atténuent l'impact de la sous-performance d'un seul titre ou secteur sur l'ensemble du portefeuille.

Exemple: Un portefeuille bien diversifié comprenant des actions, des obligations et des actifs alternatifs réduit le risque global.

4. **Éviter de S'Emballer avec les Tendances du Marché:** Les tendances du marché peuvent susciter l'enthousiasme, mais il est essentiel de rester objectif. Éviter de suivre aveuglément les foules et de s'emballer avec des investissements à la mode permet de prendre des décisions plus rationnelles.

Exemple: Résister à l'achat d'actions d'une entreprise en vogue simplement parce que tout le monde le fait, sans une analyse fondamentale solide.

5. **Faire Preuve de Discernement lors des Informations Médiatiques:** Les médias financiers peuvent amplifier les émotions du marché. Faire preuve de discernement lors de la consommation d'informations financières permet de ne pas réagir de manière excessive à des titres sensationnels.

Exemple: Éviter de vendre des actions en réaction à des gros titres alarmistes qui peuvent ne pas refléter la réalité à long terme.

En comprenant la psychologie de l'investissement, les investisseurs peuvent prendre des décisions plus éclairées et éviter les pièges émot onnels qui jalonnent le chemin financier. En restant calmes et rationnels, même dans les moments de volatilité, les investisseurs peuvent naviguer avec succès à travers les vagues émotionnelles du marché, favorisant ainsi une croissance financière stable et durable. Que ce chapitre serve de boussole émotionnelle, guidant chaque investisseur vers une navigation avisée dans les mers souvent agitées de l'investissement.

15. Rééquilibrage du portefeuille

Le rééquilibrage du portefeuille est une pratique essentielle pour tout investisseur cherchant à maintenir une stratégie d'investissement solide et équilibrée au fil du temps. Dans ce chapitre, nous explorerons l'importance du rééquilibrage régulier, en fournissant des méthodes concrètes pour ajuster le portefeuille en fonction des changements du marché. Que ce soit pour préserver les objectifs de l'investisseur, minimiser les risques ou maximiser les rendements, le rééquilibrage est la clé pour maintenir l'harmonie financière.

Importance du rééquilibrage régulier

1. **Maintenir l'allocation d'actifs cible:** L'allocation d'actifs est la répartition planifiée des investissements entre différentes classes d'actifs telles que les actions, les obligations et les liquidités. Au fil du temps, les performances des différentes classes d'actifs peuvent varier, déséquilibrant ainsi l'allocation initiale. Le rééquilibrage permet de ramener le portefeuille à l'allocation d'actifs cible définie par l'investisseur.

Exemple: Si l'allocation cible est de 60% d'actions et 40% d'obligations, un rééquilibrage peut être nécessaire si la performance des actions augmente, modifiant ainsi la répartition à 70% d'actions et 30% d'obligations.

2. **Minimiser le risque:** Les fluctuations du marché peuvent entraîner une divergence par rapport à l'allocation d'actifs souhaitée, exposant ainsi le portefeuille à des niveaux de risque inattendus. En rééquilibrant, les investisseurs réduisent le risque en ajustant les pondérations pour correspondre à leur profil de tolérance au risque.

Exemple: En période de volatilité accrue, le rééquilibrage peut impliquer une réduction de l'exposition aux actions pour atténuer le risque global du portefeuille.

3. **Maximiser les rendements potentiels:** Le rééquilibrage offre également la possibilité de maximiser les rendements potentiels. En vendant des actifs surperformants et en investissant dans des classes d'actifs sous-performantes, les investisseurs peuvent tirer parti des opportunités du marché pour optimiser le rendement global.

Exemple: En période de reprise économique, le rééquilibrage peut impliquer un réinvestissement des bénéfices des actions dans des classes d'actifs plus défensives.

4. **Adaptation aux changements de circonstances:** Les objectifs financiers, la tolérance au risque et d'autres circonstances personnelles peuvent évoluer avec le temps. Le rééquilibrage permet d'ajuster le portefeuille pour refléter ces changements, garantissant ainsi que la stratégie d'investissement reste alignée sur les objectifs à long terme de l'investisseur.

Exemple: Un investisseur qui se rapproche de la retraite peut opter pour une allocation plus conservatrice, ajustant ainsi son portefeuille pour minimiser les risques à l'approche de cet objectif financier.

Méthodes pour ajuster le portefeuille en fonction des changements de marché

1. **Rééquilibrage calendrier:** Cette méthode consiste à rééquilibrer le portefeuille à des intervalles réguliers, par exemple chaque année. Cela crée une discipline d'investissement et garantit des ajustements périodiques, indépendamment des fluctuations à court terme du marché.

Exemple: Un investisseur peut choisir de rééquilibrer son portefeuille chaque année à la même date, ajustant les pondérations en fonction des performances passées.

2. **Rééquilibrage à seuil:** Avec cette approche, le rééquilibrage intervient lorsque les pondérations d'une classe d'actifs deviennent d'un certain pourcentage prédéfini par rapport à l'allocation cible. Cela permet d'éviter des ajustements fréquents en réponse à des fluctuations mineures.

Exemple: Si l'allocation cible en actions est de 60%, le rééquilibrage peut être déclenché lorsque cette allocation devient inférieure à 55% ou supérieure à 65%.

3. **Rééquilibrage opportuniste:** Cette méthode implique de rééquilibrer le portefeuille en réponse à des événements spécifiques du marché, tels que des corrections importantes ou des périodes de forte croissance. Les investisseurs ajustent leur allocation pour tirer parti des opportunités ou minimiser les risques.

Exemple: Pendant une période de marché baissier, un investisseur peut rééquilibrer en augmentant l'allocation aux actions pour profiter des prix bas.

4. **Rééquilibrage lié aux objectifs:** Aligné sur les objectifs financiers spécifiques de l'investisseur, cette méthode implique un rééquilibrage en fonction des étapes clés de la vie, comme la préparation à la retraite ou le financement des études des enfants.

Exemple: Un investisseur qui se rapproche de la retraite peut rééquilibrer en réduisant l'exposition aux actions pour minimiser les risques à l'approche de cet objectif.

Illustration avec des exemples concrets

1. **Rééquilibrage calendrier - L'exemple d'Isabelle:** Isabelle rééquilibre son portefeuille chaque année, indépendamment des conditions du marché. En 2020, après une année de fortes performances du marché boursier, elle vend une partie de ses actions et réinvestit dans des obligations pour rétablir son allocation cible.

2. **Rééquilibrage à seuil - L'exemple de Nicolas:** Nicolas a défini un seuil de déviation de 5%. Lorsque la pondération des actions dans son portefeuille descend en dessous de 55% ou dépasse 65%, il rééquilibre pour ramener l'allocation à 60%.

3. **Rééquilibrage opportuniste - L'exemple de Julien:** Julien observe une correction importante sur le marché boursier. Il profite de cette opportunité pour rééquilibrer son portefeuille en augmentant son exposition aux actions à des prix attractifs.

4. **Rééquilibrage lié aux objectifs - L'exemple de Camille:** Camille se prépare à la retraite dans cinq ans. En anticipation de cet objectif financier, elle rééquilibre son portefeuille en réduisant progressivement son exposition aux actions pour minimiser les risques.

Le rééquilibrage du portefeuille est une démarche proactive qui assure une cohérence entre la stratégie d'investissement initiale et les conditions changeantes du marché. En ajustant régulièrement les pondérations des actifs, les investisseurs peuvent maintenir l'harmonie financière, minimiser les risques et maximiser les opportunités de rendement à long terme. Que ce chapitre serve de guide pratique pour chaque investisseur cherchant à maintenir l'équilibre optimal dans son voyage financier.

16. Utilisation des conseillers financiers

Dans le monde complexe de la finance, la collaboration avec un conseiller financier peut être la boussole qui guide les investisseurs vers des décisions éclairées et des objectifs financiers réalisables. Ce chapitre explorera en profondeur l'utilisation des conseillers financiers, en mettant l'accent sur la manière de choisir un conseiller approprié et comment collaborer efficacement avec un professionnel pour atteindre ses objectifs financiers.

Comment choisir un conseiller financier

1. **Évaluation des Besoins Financiers Personnels:** Avant de choisir un conseiller financier, il est essentiel de définir clairement ses propres besoins financiers et objectifs. Que ce soit la planification de la retraite, l'investissement, la gestion de la dette ou la planification successorale, comprendre ses besoins spécifiques permet de rechercher un conseiller ayant l'expertise nécessaire.

Exemple: Si l'objectif principal est la planification de la retraite, il est préférable de choisir un conseiller spécialisé dans cette sphère.

2. **Vérification des Qualifications et de l'Expérience:** Examiner les qualifications et l'expérience d'un conseiller financier est une étape cruciale. Les certifications telles que CFP (Certified Financial Planner) ou CFA (Chartered Financial Analyst) peuvent indiquer une expertise approfondie. De plus, vérifier les antécédents et les années d'expérience peut fournir des informations sur la stabilité et la réputation du conseiller.

Exemple: Un conseiller financier avec plusieurs années d'expérience et une certification CFP peut être un bon choix pour la planification financière personnelle.

3. **Compréhension des Frais et de la Structure de Rémunération:** Les conseillers financiers peuvent être rémunérés de différentes manières, que ce soit par des honoraires fixes, des commissions sur les transactions ou des frais basés sur un pourcentage des actifs gérés. Comprendre la structure de rémunération est crucial pour éviter les conflits d'intérêts potentiels.

Exemple: Si un investisseur préfère une transparence totale, opter pour un conseiller rémunéré par des honoraires fixes peut être plus approprié.

4. Recherche de Références et Avis: Consulter des références et des avis clients peut offrir des informations précieuses sur l'expérience des autres personnes avec un conseiller financier spécifique. Les avis en ligne, les recommandations personnelles et les références professionnelles peuvent contribuer à former une image plus complète.

Exemple: Si plusieurs clients louent la communication et les résultats d'un conseiller financier donné, cela peut être un signe positif.

5. Entretien Personnel: Un entretien en personne ou virtuel avec un conseiller financier potentiel est une étape cruciale. Cela offre l'occasion de discuter de ses besoins, de poser des questions sur l'approche du conseiller envers l'investissement et d'évaluer la compatibilité personnelle.

Exemple: Un entretien peut révéler si le conseiller prend le temps d'écouter et de comprendre les objectifs spécifiques de l'investisseur.

Collaborer efficacement avec un professionnel pour atteindre ses objectifs

1. Communication Ouverte et Honnête: La communication ouverte et honnête est le pilier d'une collaboration fructueuse avec un conseiller financier. Exprimer clairement ses objectifs, sa tolérance au risque et ses préoccupations permet au conseiller de personnaliser les conseils en conséquence.

Exemple: Communiquer ouvertement sur la volonté d'assumer un certain niveau de risque peut orienter les recommandations du conseiller vers des investissements correspondant à cette tolérance.

2. Établissement d'Objectifs Clairs et Mesurables: Définir des objectifs financiers clairs et mesurables est essentiel. Que ce soit l'épargne pour l'achat d'une maison, la constitution d'un fonds d'urgence ou la planification de la retraite, des objectifs bien définis aident à orienter les stratégies d'investissement.

Exemple: Un objectif mesurable pourrait être d'atteindre un certain montant d'épargne d'ici une période déterminée.

3. Suivi Régulier des Performances et des Objectifs: La collaboration avec un conseiller financier ne se termine pas après la première réunion. Un suivi régulier des performances du portefeuille et des progrès par rapport aux objectifs permet d'ajuster la stratégie au besoin.

Exemple: Si les rendements du portefeuille ne sont pas conformes aux attentes, un ajustement de la stratégie d'investissement peut être nécessaire.

4. **Éducation Financière Continue:** Collaborer avec un conseiller financier ne signifie pas déléguer entièrement la responsabilité. S'engager dans une éducation financière continue permet de mieux comprendre les décisions d'investissement et de prendre des décisions plus éclairées.

Exemple: Participer à des séminaires financiers ou lire des articles sur les tendances du marché peuvent renforcer la compréhension financière.

5. **Adaptation aux Changements de Circonstances:** La vie est sujette à des changements, et la collaboration avec un conseiller financier doit s'adapter en conséquence. Des événements tels que le mariage, la naissance d'un enfant ou un changement d'emploi peuvent nécessiter une réévaluation des objectifs financiers et de la stratégie d'investissement.

Exemple: La naissance d'un enfant peut conduire à la révision des plans de retraite et à l'ajustement de l'allocation d'actifs.

La collaboration avec un conseiller financier peut être une étape significative pour atteindre ses objectifs financiers. En choisissant soigneusement un conseiller adapté à ses besoins et en établissant une communication ouverte et continue, chaque investisseur peut bénéficier d'une guidance professionnelle pour naviguer efficacement dans le labyrinthe financier et construire un avenir financier solide. Que ce chapitre serve de guide pratique pour exploiter pleinement les avantages d'une collaboration fructueuse avec un conseiller financier.

17. Implications Fiscales de l'Investissement

Lorsqu'il s'agit d'investir, la navigation à travers le labyrinthe fiscal est une étape cruciale pour maximiser les rendements et minimiser les obligations fiscales. Ce chapitre explorera en détail les implications fiscales de l'investissement, en fournissant des conseils pratiques pour réduire les obligations fiscales et en mettant en lumière l'importance d'une planification fiscale à long terme.

Conseils pour minimiser les obligations fiscales

1. **Utilisation Avantageuse des Comptes de Retraite:** Les comptes de retraite tels que les comptes 401(k) et les comptes individuels de retraite (IRA) offrent des avantages fiscaux significatifs. Les contributions à ces comptes sont souvent déductibles d'impôt, réduisant ainsi le revenu imposable.

Conseil: Maximiser les contributions aux comptes de retraite chaque année pour tirer pleinement parti des avantages fiscaux.

2. **Harvesting des Pertes en Capital:** Le tax loss harvesting consiste à vendre des investissements enregistrant des pertes pour compenser les gains en capital et réduire ainsi l'impôt sur les gains. Cela peut être particulièrement utile pour équilibrer les gains et les pertes dans un portefeuille.

Conseil: Évaluer régulièrement le portefeuille pour identifier des opportunités de harvesting des pertes en capital.

3. **Investissement dans des Véhicules Fiscalement Avantageux:** Certains investissements, tels que les obligations municipales, bénéficient d'avantages fiscaux spécifiques. Les intérêts générés par ces investissements peuvent être exonérés d'impôt fédéral et parfois d'impôts étatiques.

Conseil: Explorer des options d'investissement spécifiquement conçues pour minimiser l'impact fiscal.

4. **Diversification du Portefeuille pour Réduire les Impôts:** Une stratégie de diversification du portefeuille peut également avoir des implications fiscales positives. En investissant dans une variété d'actifs, il est possible d'optimiser les gains et les pertes, réduisant ainsi l'impact fiscal global.

Conseil: Adopter une approche diversifiée qui prend en compte les implications fiscales de chaque classe d'actifs.

5. **Utilisation Judicieuse des Déductions Fiscales:** Les déductions fiscales telles que les intérêts hypothécaires, les frais de scolarité et les frais médicaux peuvent réduire le revenu imposable. Il est essentiel de connaître et de maximiser ces déductions lorsque cela est possible.

Conseil: Garder une trace attentive des dépenses déductibles et consulter un professionnel pour garantir une utilisation optimale des déductions.

Planification fiscale à long terme

1. **Anticipation des Événements de Vie:** La vie est en constante évolution, et chaque étape peut avoir des implications fiscales significatives. La planification anticipée des événements tels que le mariage, la naissance d'un enfant, l'achat d'une maison ou la retraite peut aider à minimiser les obligations fiscales.

Conseil: Consulter un professionnel de la fiscalité lors de changements de vie importants pour évaluer et ajuster la planification fiscale.

2. **Gestion des Successions:** Une planification successorale efficace peut réduire les impôts successoraux pour les héritiers. L'utilisation judicieuse de stratégies telles que les fiducies et les dons peut permettre de transmettre les actifs de manière fiscalement avantageuse.

Conseil: Travailler avec un planificateur successoral pour élaborer une stratégie adaptée à ses objectifs.

3. **Optimisation des Retraits de Retraite:** Lorsqu'il est temps de commencer à retirer des fonds de comptes de retraite, une planification minutieuse peut minimiser les implications fiscales. Les retraits stratégiques peuvent aider à optimiser les avantages fiscaux pendant la retraite.

Conseil: Élaborer un plan de retrait de retraite qui prend en compte les implications fiscales à long terme.

4. **Suivi des Changements Législatifs:** Les lois fiscales évoluent, et les changements législatifs peuvent avoir un impact sur la planification fiscale. Il est essentiel de rester informé des modifications potentielles et d'ajuster sa stratégie en conséquence.

Conseil: Travailler en étroite collaboration avec un professionnel de la fiscalité pour comprendre les implications des changements législatifs.

5. **Utilisation de Conseils Professionnels:** La complexité des lois fiscales nécessite souvent l'expertise d'un professionnel. Collaborer avec des conseillers fiscaux expérimentés peut garantir une planification fiscale à long terme efficace.

Conseil: Engager un conseiller fiscal qualifié pour élaborer et mettre en œuvre une stratégie fiscale à long terme.

Investir de manière éclairée ne se limite pas à la sélection d'actifs; la gestion des implications fiscales est tout aussi cruciale. En suivant ces conseils pour minimiser les obligations fiscales et en élaborant une planification fiscale à long terme, les investisseurs peuvent naviguer avec succès dans le labyrinthe fiscal et maximiser leur patrimoine net. Que ce chapitre serve de guide complet pour une gestion fiscale stratégique et durable.

18. Investir dans les Marchés Émergents

Investir dans les marchés émergents offre à la fois des opportunités de croissance captivantes et des défis uniques. Dans ce chapitre, nous explorerons les dynamiques des marchés émergents, mettant en lumière les opportunités attractives qu'ils offrent ainsi que les défis potentiels auxquels les investisseurs peuvent être confrontés. En outre, nous examinerons l'importance de la diversification internationale pour une croissance optimale de portefeuille.

Opportunités des marchés émergents

1. **Croissance Économique Dynamique:** Les marchés émergents sont souvent caractérisés par une croissance économique plus rapide que celle des économies développées. Des pays comme la Chine, l'Inde et le Brésil ont connu une expansion économique significative au cours des dernières décennies, offrant des opportunités d'investissement liées à cette croissance dynamique.

Exemple: La Chine, avec son développement industriel rapide, est devenue une destination d'investissement majeure, attirant des flux de capitaux du monde entier.

2. **Démographie Favorable:** De nombreux marchés émergents affichent une démographie favorable, avec une population jeune et en croissance. Cela crée un vaste marché de consommateurs potentiels, stimulant la demande intérieure et offrant des perspectives de croissance pour les entreprises.

Exemple: L'Inde, avec sa population jeune et en expansion, est devenue un centre d'investissement pour les secteurs tels que la technologie et les biens de consommation.

3. **Ressources Naturelles Abondantes:** Certains marchés émergents regorgent de ressources naturelles précieuses. Les investissements dans ces régions peuvent être liés à l'exploitation et à la gestion durable de ces ressources, offrant des possibilités d'investissement dans les secteurs de l'énergie, des métaux et des matières premières.

Exemple: Le Brésil, riche en ressources naturelles, attire les investisseurs dans des secteurs tels que l'agriculture et l'énergie.

4. **Innovation et Technologie:** Les marchés émergents sont de plus en plus reconnus pour leur contribution à l'innovation et à la technologie. Des hubs

technologiques émergent dans des pays comme l'Inde, créant des opportunités d'investissement dans des entreprises en croissance rapide.

Exemple: Le secteur des technologies de l'information en Inde a connu une croissance exponentielle, attirant des investissements dans des startups et des entreprises technologiques établies.

Défis des marchés émergents

1. **Volatilité des Marchés:** Les marchés émergents peuvent être plus volatils que leurs homologues développés en raison de facteurs tels que des marchés financiers moins matures et des réglementations fluctuantes. Cette volatilité peut présenter des défis pour les investisseurs cherchant une stabilité à court terme.

Exemple: La crise financière asiatique de 1997 a été marquée par des turbulences économiques et financières dans plusieurs économies émergentes de la région.

2. **Risque Politique:** Les marchés émergents peuvent être exposés à des risques politiques, tels que des changements de régime, des instabilités gouvernementales et des politiques économiques imprévisibles. Ces facteurs peuvent avoir un impact significatif sur les investissements.

Exemple: Les fluctuations politiques au Venezuela ont créé des incertitudes pour les investisseurs étrangers dans le pays.

3. **Infrastructures en Développement:** Dans certains marchés émergents, les infrastructures peuvent être en cours de développement, ce qui peut poser des défis logistiques et opérationnels pour les entreprises et les investisseurs.

Exemple: Les défis liés à l'infrastructure en Afrique subsaharienne peuvent affecter les investissements dans des secteurs tels que les télécommunications et la logistique.

4. **Défis Réglementaires:** Les réglementations dans les marchés émergents peuvent parfois être complexes et sujettes à des changements imprévus. Les investisseurs doivent être attentifs aux cadres réglementaires pour éviter des implications négatives.

Exemple: Les modifications fréquentes des réglementations dans certains marchés émergents d'Amérique du Sud peuvent influencer les décisions d'investissement dans le secteur des ressources naturelles.

Diversification internationale pour une croissance optimale

1. **Réduction du Risque Global:** La diversification internationale permet de réduire le risque global d'un portefeuille en répartissant les investissements sur différentes économies et régions du monde. Cela peut aider à atténuer l'impact négatif de la volatilité dans une seule région.

Exemple: Un investisseur diversifié internationalement peut compenser les pertes potentielles dans un marché émergent par des rendements positifs dans d'autres régions.

2. **Accès à une Plus Grande Gamme d'Opportunités:** Investir dans les marchés émergents offre un accès à une plus grande gamme d'opportunités d'investissement qui peuvent ne pas être disponibles dans les marchés développés. Cela peut contribuer à une croissance optimale du portefeuille.

Exemple: Les investissements dans des entreprises technologiques émergentes en Asie peuvent offrir des rendements attractifs que l'on ne trouve peut-être pas dans les marchés développés.

3. **Participation à la Croissance Mondiale:** La diversification internationale permet aux investisseurs de participer à la croissance économique mondiale. Les marchés émergents contribuent de manière significative à cette croissance, offrant des perspectives de rendement intéressantes.

Exemple: Les investissements dans des secteurs clés des marchés émergents contribuent à la croissance mondiale, stimulant les économies mondiales.

4. **Adaptation aux Changements Économiques Mondiaux:** Les économies mondiales évoluent constamment, et la diversification internationale permet aux investisseurs de s'adapter aux changements économiques mondiaux. Cela peut contribuer à la résilience du portefeuille face aux fluctuations du marché.

Exemple: Une récession dans une région peut être compensée par une croissance économique dans une autre, préservant ainsi la stabilité du portefeuille.

Investir dans les marchés émergents demande une compréhension approfondie des opportunités et des risques associés. En intégrant judicieusement ces marchés dans un portefeuille diversifié, les investisseurs peuvent exploiter le potentiel de croissance offert par les économies en développement tout en atténuant les risques associés. Que ce chapitre serve de guide complet pour une stratégie d'investissement éclairée dans les marchés émergents.

19. Investir dans les Périodes de Crise

Les périodes de crise économique présentent des défis redoutables pour les investisseurs, mais elles offrent également des opportunités uniques. Dans ce chapitre, nous explorerons les stratégies d'investissement en temps de crise, mettant en lumière la gestion prudente des opportunités et des risques inhérents à ces périodes tumultueuses.

Stratégies d'investissement en temps de crise

1. **Maintenir la Calme en Cas de Volatilité:** La volatilité des marchés pendant les crises peut provoquer des réactions émotionnelles intenses. Les investisseurs doivent maintenir la calme, éviter les décisions impulsives et se concentrer sur une approche basée sur la logique plutôt que sur la peur.

Exemple: Pendant la crise financière de 2008, les investisseurs paniqués ont vendu massivement, alors que ceux qui sont restés disciplinés ont souvent récupéré leurs pertes à long terme.

2. **Réévaluer la Tolérance au Risque:** Les crises peuvent amener les investisseurs à réévaluer leur tolérance au risque. Il est crucial de comprendre comment les fluctuations du marché peuvent influencer la tolérance au risque personnelle et d'ajuster le portefeuille en conséquence.

Exemple: Un investisseur initialement confortable avec un portefeuille équilibré peut décider de réduire son exposition aux actions pendant une crise pour réduire le risque.

3. **Identifier les Actifs Refuge:** Certains actifs, tels que l'or et les obligations d'État, sont souvent considérés comme des refuges pendant les périodes de crise. Les investisseurs doivent identifier ces actifs pour protéger une partie de leur portefeuille.

Exemple: Pendant la crise de la dette européenne en 2011, les obligations allemandes ont été considérées comme un actif refuge, attirant les investisseurs cherchant la stabilité.

4. **Diversification Renforcée:** Une diversification renforcée peut aider à atténuer les risques en période de crise. Investir dans une variété d'actifs, y compris des

classes d'actifs moins corrélées, peut aider à réduire l'impact négatif d'un déclin particulier.

Exemple: Les investisseurs diversifiés ont mieux résisté à la crise du marché liée à la pandémie de COVID-19 en 2020 en raison de la répartition judicieuse de leurs actifs.

5. **Repérer les Opportunités d'Achat:** Les marchés en crise peuvent créer des opportunités d'achat attractives. Les investisseurs avertis peuvent identifier des actions sous-évaluées ou des secteurs malmenés qui ont un fort potentiel de récupération.

Exemple: Après la crise financière de 2008, de nombreuses actions ont été fortement sous-évaluées, offrant aux investisseurs l'occasion d'acheter à des prix avantageux.

Gestion des opportunités et des risques

1. **Évaluation des Entreprises Solides:** En période de crise, il est crucial d'évaluer la solidité financière des entreprises. Celles qui ont des bilans solides, des flux de trésorerie stables et une résilience opérationnelle ont plus de chances de survivre et de prospérer.

Exemple: Pendant la crise des subprimes, les banques ayant des ratios de fonds propres plus élevés ont mieux résisté aux perturbations.

2. **Focus sur les Dividendes:** Les actions versant des dividendes peuvent offrir un certain niveau de stabilité en période de crise. Les entreprises ayant une politique de dividendes stable peuvent fournir des rendements constants même lorsque les marchés sont en tumulte.

Exemple: Les actions de certaines entreprises de services publics ont maintenu des dividendes stables pendant les périodes de crise, attirant les investisseurs à la recherche de revenus constants.

3. **Rééquilibrage Opportuniste du Portefeuille:** Un rééquilibrage opportun du portefeuille peut maximiser les opportunités tout en minimisant les risques. Les investisseurs peuvent ajuster leurs positions pour profiter des mouvements du marché et maintenir un équilibre approprié.

Exemple: En rééquilibrant vers des actifs sous-évalués, les investisseurs peuvent capitaliser sur les opportunités de récupération.

4. **Surveillance Continue et Ajustements:** La surveillance continue du portefeuille est essentielle pendant une crise. Les ajustements doivent être effectués en fonction de l'évolution des conditions du marché et des opportunités émergentes.

Exemple: Un investisseur peut décider d'allouer plus de ressources à des secteurs défensifs en fonction des tendances observées pendant une crise.

5. **Préparation Psychologique:** La gestion des crises nécessite une préparation psychologique. Les investisseurs doivent anticiper la possibilité de pertes et être prêts mentalement à prendre des décisions éclairées plutôt qu'émotionnelles.

Exemple: Les investisseurs qui ont adopté une perspective à long terme pendant la crise financière de 2008 ont pu surmonter les perturbations à court terme.

Investir dans les périodes de crise exige une combinaison de prudence et d'audace. En comprenant les stratégies d'investissement appropriées et en gérant habilement les opportunités et les risques, les investisseurs peuvent non seulement traverser les tempêtes économiques, mais également émerger plus forts de l'expérience. Que ce chapitre serve de guide complet pour naviguer avec succès dans les eaux agitées des crises économiques.

20. L'Importance de l'Éducation Continue en Matière d'Investissement

Dans le monde dynamique des investissements, la clé du succès réside souvent dans une éducation continue. Ce chapitre explore l'importance de rester informé des tendances du marché et de s'engager dans un processus d'apprentissage continu pour optimiser les décisions d'investissement.

Comment rester informé des tendances du marché

1. **Suivre les Actualités Financières:** Les actualités financières offrent une source d'information cruciale pour comprendre les événements économiques mondiaux. Les investisseurs doivent rester informés des développements économiques, des politiques gouvernementales et des nouvelles de l'industrie.

Exemple: Les annonces de taux d'intérêt par les banques centrales peuvent influencer les marchés financiers, et les investisseurs doivent être attentifs à ces déclarations.

2. **Utiliser les Plateformes de Trading et d'Investissement:** Les plateformes de trading et d'investissement offrent des analyses en temps réel, des graphiques et des outils de recherche. Les investisseurs peuvent utiliser ces plateformes pour suivre les performances de leur portefeuille, analyser les tendances du marché et obtenir des recommandations d'experts.

Exemple: Les applications mobiles de trading permettent aux investisseurs de surveiller les marchés et d'exécuter des transactions en déplacement.

3. **Participer à des Séminaires et des Webinaires:** Les séminaires et les webinaires offrent une occasion d'apprendre directement auprès d'experts de l'industrie. Ces événements peuvent couvrir une gamme de sujets, des stratégies d'investissement aux analyses de marché en passant par les conseils pratiques.

Exemple: Un webinaire sur les tendances émergentes dans le secteur technologique peut aider les investisseurs à identifier des opportunités d'investissement prometteuses.

4. **Lire des Livres et des Publications Spécialisées:** Les livres et les publications spécialisées offrent une profondeur de connaissances. Des ouvrages sur l'analyse technique, les stratégies d'investissement et les biographies

d'investisseurs à succès peuvent élargir la compréhension et les compétences des investisseurs.

Exemple: La lecture du livre d'un gérant de fonds renommé peut fournir des perspectives uniques sur les approches d'investissement.

5. **Utiliser les Médias Sociaux de Manière Prudente:** Les médias sociaux peuvent être une source d'informations rapides, mais les investisseurs doivent exercer la prudence dans leur utilisation. Suivre des experts fiables et participer à des discussions informées peut être bénéfique, mais il est essentiel de filtrer les informations provenant de sources fiables.

Exemple: Des discussions sur les réseaux sociaux peuvent fournir des idées d'investissement, mais il est important de les valider par des recherches approfondies.

L'importance de l'apprentissage continu

1. **Adaptation aux Changements du Marché:** Les marchés financiers évoluent constamment en raison de facteurs économiques, politiques et technologiques. L'apprentissage continu permet aux investisseurs de s'adapter rapidement aux changements du marché et d'ajuster leurs stratégies en conséquence.

Exemple: L'adoption de nouvelles technologies peut changer la dynamique des marchés, et les investisseurs doivent rester informés pour tirer parti de ces évolutions.

2. **Optimisation des Stratégies d'Investissement:** En apprenant continuellement, les investisseurs peuvent optimiser leurs stratégies d'investissement. Cela inclut l'exploration de nouvelles méthodes d'analyse, l'identification de nouvelles opportunités d'investissement et la révision constante des approches existantes.

Exemple: L'introduction de nouvelles méthodes d'analyse fondamentale peut aider les investisseurs à évaluer plus efficacement la santé financière des entreprises.

3. **Gestion des Risques de Manière Éclairée:** La compréhension des risques est essentielle pour tout investisseur. L'apprentissage continu permet aux investisseurs de mieux évaluer les risques potentiels, de mettre en œuvre des stratégies de gestion des risques et d'anticiper les scénarios défavorables.

Exemple: Une compréhension approfondie des risques de marché peut aider les investisseurs à prendre des décisions plus éclairées pendant les périodes de volatilité.

4. **Élargissement de la Perspective:** L'apprentissage continu élargit la perspective des investisseurs. Cela peut inclure la compréhension des marchés internationaux, l'exploration de nouvelles classes d'actifs et la prise en compte des facteurs sociaux, environnementaux et de gouvernance (ESG) dans les décisions d'investissement.

Exemple: La prise en compte des considérations ESG peut devenir de plus en plus importante à mesure que les investisseurs cherchent des opportunités durables.

5. **Favorisation d'une Approche à Long Terme:** L'apprentissage continu favorise une approche à long terme de l'investissement. Les investisseurs bien informés comprennent l'importance de la patience, de la discipline et de la résilience face aux fluctuations du marché.

Exemple: Les investisseurs qui comprennent les cycles économiques sont mieux préparés à rester investis pendant les périodes de ralentissement économique, en anticipant la reprise à long terme.

En conclusion, l'éducation continue en matière d'investissement est un pilier essentiel de la réussite financière. Les investisseurs qui s'engagent dans un processus d'apprentissage continu peuvent non seulement rester informés des tendances du marché, mais également développer les compétences nécessaires pour prendre des décisions d'investissement judicieuses et prospérer dans un environnement financier en constante évolution. Que ce chapitre serve d'inspiration pour nourrir l'esprit et faire croître le portefeuille.

21. Investissement Passif vs Actif

Lorsqu'il s'agit de créer et de gérer un portefeuille, les investisseurs sont confrontés à un choix fondamental entre deux approches distinctes: l'investissement passif et l'investissement actif. Ce chapitre explore la comparaison entre ces deux approches, mettant en lumière les avantages et les inconvénients de chacune.

Investissement Passif: Une Approche Axée sur l'Indice

1. **Principe de Base:** L'investissement passif repose sur la réplication d'un indice de référence, tel que le S&P 500. Plutôt que de chercher à battre le marché, les investisseurs passifs cherchent à suivre la performance globale du marché.

Avantage: Les investisseurs peuvent bénéficier de la croissance globale du marché sans essayer de sélectionner des actions individuelles.

2. **Fonds Indiciels et FNB:** Les fonds indiciels et les fonds négociés en bourse (FNB) sont les véhicules les plus courants pour l'investissement passif. Ils détiennent un panier d'actions correspondant à un indice spécifique.

Avantage: La diversification inhérente à ces fonds réduit le risque lié à la performance d'une seule action.

3. **Frais Généralement Faibles:** Les stratégies d'investissement passif ont tendance à avoir des frais de gestion plus bas par rapport aux stratégies actives. Cela s'explique par la nature automatisée de la gestion de ces fonds.

Avantage: Les coûts réduits peuvent augmenter les rendements nets pour les investisseurs.

4. **Moins de Gestion Active:** L'investissement passif nécessite moins d'intervention humaine dans la gestion quotidienne du portefeuille. Les ajustements sont généralement effectués pour refléter les changements de l'indice sous-jacent.

Avantage: Les investisseurs peuvent adopter une approche plus hands-off, ce qui peut être attrayant pour ceux qui préfèrent une gestion simplifiée.

Investissement Actif: La Quête de Performances Supérieures

1. Principe de Base: L'investissement actif implique une gestion plus dynamique du portefeuille, avec l'objectif de surpasser le rendement du marché. Les gestionnaires de fonds actifs effectuent des recherches approfondies pour sélectionner des actions qu'ils estiment avoir un potentiel de rendement supérieur.

Avantage: Les investisseurs actifs cherchent à générer des rendements supérieurs à la moyenne du marché.

2. Gestion de Portefeuille Proactive: Les gestionnaires de fonds actifs sont constamment engagés dans la recherche de nouvelles opportunités d'investissement et peuvent ajuster leur portefeuille en fonction des conditions du marché.

Avantage: L'approche proactive peut permettre aux investisseurs actifs de réagir rapidement aux changements de conditions économiques.

3. Flexibilité Stratégique: Les investisseurs actifs ont la flexibilité de prendre des positions longues ou courtes, d'utiliser des dérivés, et de s'engager dans d'autres stratégies pour maximiser les rendements.

Avantage: La flexibilité offre aux investisseurs actifs une palette d'outils pour ajuster leur exposition au marché.

4. Cherche à Surmonter la Volatilité du Marché: Les gestionnaires actifs cherchent à identifier des opportunités de rendement dans des marchés à la fois haussiers et baissiers. Ils peuvent ajuster leur portefeuille pour minimiser les risques et maximiser les rendements.

Avantage: La gestion active peut potentiellement mieux résister à la volatilité du marché.

Comparaison des Approches: Avantages et Inconvénients

1. Avantages de l'Investissement Passif:

- **Diversification Automatique:** Les fonds indiciels offrent une diversification automatique en investissant dans toutes les actions de l'indice, ce qui réduit le risque lié à la performance d'une seule entreprise.

- **Frais Généralement Bas:** Les frais de gestion des fonds passifs sont généralement bas, ce qui signifie que les investisseurs conservent une plus grande partie de leurs rendements.

- **Approche Simplifiée:** L'investissement passif convient à ceux qui préfèrent une approche d'investissement plus simple et moins exigeante en temps.

2. **Inconvénients de l'Investissement Passif:**

- **Limitations en Termes de Rendement:** Les investisseurs passifs sont liés à la performance globale du marché, ce qui signifie qu'ils ne peuvent pas surpasser cet indice.

- **Exposition à des Actions sous-Performantes:** Les fonds passifs incluent des actions d'entreprises sous-performantes, ce qui peut affecter les rendements globaux du portefeuille.

- **Impact des Bulles du Marché:** En suivant passivement un indice, les investisseurs peuvent être exposés à des bulles du marché, car le fonds détient automatiquement des actions surévaluées.

3. **Avantages de l'Investissement Actif:**

- **Potentiel de Rendement Supérieur:** Les investisseurs actifs cherchent à surpasser le marché, offrant un potentiel de rendement supérieur.

- **Adaptabilité aux Changements du Marché:** La gestion active permet une adaptation rapide aux changements de conditions du marché pour optimiser les rendements.

- **Stratégies Flexibles:** Les gestionnaires de fonds actifs peuvent utiliser une gamme de stratégies pour maximiser les rendements.

4. **Inconvénients de l'Investissement Actif:**

- **Frais de Gestion Plus Élevés:** Les fonds actifs ont généralement des frais de gestion plus élevés en raison des coûts liés à la recherche et à la gestion continue.

- **Sélection d'Actions Risquée:** La sélection d'actions individuelles comporte un risque, car le rendement d'une seule entreprise peut avoir un impact significatif.

- **Besoin d'Expertise:** L'investissement actif nécessite une expertise approfondie en matière d'analyse financière et de marchés.

Choix Personnel et Stratégie Hybride

Le choix entre l'investissement passif et actif dépend largement des préférences personnelles, du niveau d'engagement, et des objectifs financiers de l'investisseur. Certains optent pour une stratégie hybride, combinant des fonds indiciels pour la partie principale du portefeuille avec des investissements actifs ciblés pour chercher à surpasser le marché dans des domaines spécifiques.

Un Choix Guidé par les Objectifs Personnels

En fin de compte, le choix entre l'investissement passif et actif dépend des objectifs financiers, du niveau de tolérance au risque, et des préférences individuelles. Les deux approches ont leurs avantages et inconvénients, et il n'y a pas de solution unique adaptée à tous. Les investisseurs sont encouragés à évaluer soigneusement leur situation, à définir des objectifs clairs, et à choisir la stratégie qui correspond le mieux à leurs besoins. Que ce chapitre serve de guide réfléchi dans le processus de prise de décision entre l'investissement passif et actif, visant à maximiser les opportunités tout en minimisant les risques.

22. Stratégies pour les Jeunes Investisseurs

Lorsqu'on aborde le monde de l'investissement, les jeunes professionnels ont un atout précieux de leur côté : le temps. Ce chapitre explore des conseils spécifiques pour ceux qui commencent tôt dans leur vie professionnelle, mettant en lumière le pouvoir de la capitalisation à long terme et les stratégies clés pour cultiver la richesse dès le départ.

Conseils Spécifiques pour les Jeunes Investisseurs

Commencez Tôt, Restez Constant

L'un des avantages majeurs dont jouissent les jeunes investisseurs est le temps. Commencez à investir dès que possible, même avec de modestes sommes. Le pouvoir de la capitalisation à long terme signifie que chaque euro investi peut croître exponentiellement au fil du temps.

Exemple: Imaginons un jeune professionnel investissant 100 euros par mois dès l'âge de 25 ans, avec un rendement annuel moyen de 7%. À 65 ans, cet investissement mensuel constant pourrait se transformer en une somme substantielle.

Établissez des Objectifs Clairs

Définissez clairement vos objectifs financiers. Que vous envisagiez l'achat d'une maison, la création d'une entreprise ou la retraite anticipée, des objectifs spécifiques orientent vos décisions d'investissement. Soyez réaliste quant à la période et au montant requis pour atteindre ces objectifs.

Exemple: Un jeune investisseur peut se fixer l'objectif d'accumuler un certain montant pour la mise de fonds d'une maison dans les dix prochaines années.

Diversifiez Votre Portefeuille

La diversification est la clé pour atténuer les risques. Ne mettez pas tous vos fonds dans un seul type d'investissement. Répartissez votre portefeuille entre différentes classes d'actifs comme les actions, les obligations et les biens immobiliers.

Exemple: En diversifiant, un investisseur peut réduire l'impact négatif d'une sous-performance dans une catégorie d'actifs particulière.

Apprenez Continuellement

Le monde financier est dynamique, et rester informé est essentiel. Suivez les tendances du marché, lisez des livres sur l'investissement, participez à des séminaires et explorez des cours en ligne. L'apprentissage continu vous permettra de prendre des décisions éclairées.

Exemple: Un jeune investisseur pourrait suivre des actualités financières, participer à des forums d'investissement en ligne, et lire des ouvrages sur des stratégies d'investissement.

Tolérance au Risque

Comprenez votre tolérance au risque. Les jeunes investisseurs peuvent souvent tolérer un niveau plus élevé de risque, mais il est crucial de trouver un équilibre qui correspond à votre confort personnel. N'oubliez pas que le marché peut connaître des hauts et des bas, et la tolérance au risque peut évoluer avec le temps.

Exemple: Un investisseur ayant une tolérance au risque élevée pourrait envisager d'investir davantage en actions, même en période de volatilité.

Le Pouvoir de la Capitalisation à Long Terme

Effet de Levier du Temps

La capitalisation à long terme tire parti de l'effet de levier du temps. Les rendements générés sur vos investissements génèrent à leur tour des rendements. Cet effet cumulatif est particulièrement puissant sur une période prolongée.

Exemple: En investissant régulièrement et en réinvestissant les rendements, vous capitalisez sur une croissance exponentielle.

Avantages de l'Investissement à Long Terme

Investir sur le long terme permet de surmonter les fluctuations à court terme du marché. Vous pouvez résister aux cycles économiques et bénéficier des tendances haussières sur une période étendue.

Exemple: Même en période de récession, les investisseurs à long terme peuvent voir ces moments comme des opportunités d'achat à des prix avantageux.

Réinvestissez les Dividendes

Si vos investissements comprennent des actions versant des dividendes, envisagez de les réinvestir plutôt que de les retirer. Cela accélère la croissance de votre portefeuille en capitalisant sur le rendement des dividendes.

Exemple: En réinvestissant les dividendes, vous augmentez la quantité d'actions détenues, augmentant ainsi votre exposition aux rendements futurs.

Rééquilibrez Périodiquement

En raison des fluctuations du marché, il est essentiel de rééquilibrer périodiquement votre portefeuille. Cela garantit que votre allocation d'actifs reste conforme à vos objectifs initiaux malgré les changements de marché.

Exemple: Si la part des actions dans votre portefeuille augmente en raison de la croissance du marché, rééquilibrez en vendant une partie pour revenir à votre allocation cible.

Stratégies pour Cultiver la Richesse Dès le Départ

Planification Budgétaire

Établissez un budget solide. Limitez les dépenses discrétionnaires et maintenez des habitudes budgétaires saines. La discipline financière dès le départ vous permettra de consacrer une part significative de vos revenus à l'investissement.

Exemple: En priorisant les dépenses et en éliminant les achats impulsifs, vous libérez plus de fonds pour investir.

Utilisez les Comptes d'Investissement Avantageux

Explorez les avantages fiscaux des comptes d'investissement tels que les comptes de retraite individuels (IRA) ou les comptes d'épargne en actions. Ces comptes offrent des incitations fiscales pour encourager l'investissement à long terme.

Exemple: Les contributions à un compte de retraite peuvent réduire le revenu imposable, offrant un avantage fiscal immédiat.

Automatisez vos Investissements

Configurez des contributions automatiques vers vos comptes d'investissement. Cela garantit une discipline d'investissement constante, même lorsque la vie devient occupée.

Exemple: En automatisant les transferts vers un compte d'investissement chaque mois, vous maintenez une discipline financière constante.

Restez Discipliné en Cas de Volatilité

Les marchés financiers peuvent être volatils, et il est essentiel de rester discipliné en période d'incertitude. Évitez de réagir impulsivement aux fluctuations du marché et maintenez le cap sur vos objectifs à long terme.

Exemple: Pendant les périodes de baisse du marché, résistez à la tentation de vendre impulsivement. Au contraire, considérez ces moments comme des opportunités d'achat.

Bâtir un Avenir Financier Solide

Pour les jeunes investisseurs, la période initiale de leur vie professionnelle offre une opportunité unique de capitaliser sur le temps et de cultiver la richesse à long terme. En suivant des conseils spécifiques, en comprenant le pouvoir de la capitalisation à long terme, et en adoptant des stratégies judicieuses, les jeunes peuvent jeter les bases d'un avenir financier solide. Que ce chapitre serve de guide inspirant pour les jeunes investisseurs, les encourageant à prendre des décisions financières éclairées et à bâtir un patrimoine durable.

23. Investir avec un Budget Limité

Investir avec un budget limité peut sembler être un défi, mais c'est une étape cruciale pour de nombreux jeunes investisseurs. Dans ce chapitre, nous explorerons des stratégies astucieuses pour investir de manière efficace avec des ressources financières modestes. De plus, nous aborderons la progression progressive vers des investissements plus importants à mesure que votre situation financière évolue.

Stratégies pour Investir avec un Budget Restreint

1. Établissez des Objectifs Réalistes:

- Lorsque vous avez un budget limité, définir des objectifs réalistes est essentiel. Identifiez des objectifs financiers spécifiques, qu'il s'agisse de constituer un fonds d'urgence, d'économiser pour un achat important, ou de commencer à investir.

Exemple: Un objectif réaliste pourrait être de consacrer 5% de votre revenu mensuel à des investissements. Cela permet de démarrer sans affecter de manière significative votre budget.

2. Optez pour des Investissements Accessibles:

- Choisissez des investissements qui ne nécessitent pas de montants initiaux élevés. Les fonds communs de placement, les ETF (Exchange Traded Funds) et certaines actions abordables offrent une entrée facile dans le monde de l'investissement.

Exemple: Les ETF permettent d'investir dans un panier diversifié d'actions avec une mise de fonds initiale relativement basse.

3. Investissez de Manière Régulière:

- Adoptez une approche d'investissement régulier, même avec de petites sommes. La constance est la clé pour maximiser les avantages de la capitalisation à long terme.

Exemple: Investir 50 euros par mois peut sembler modeste, mais cela peut conduire à des résultats significatifs sur plusieurs années.

4. Exploitez les Comptes à Faible Coût:

- Utilisez des comptes d'investissement à faible coût pour minimiser les frais. Les plateformes en ligne offrent souvent des options abordables pour acheter et vendre des actions.

Exemple: Opter pour une plateforme en ligne avec des frais de transaction bas permet d'optimiser le rendement net de votre investissement.

5. Réinvestissez les Rendements:

- Lorsque vous percevez des rendements, réinvestissez-les plutôt que de les retirer. Cela amplifie la croissance de votre portefeuille au fil du temps.

Exemple: Si vous recevez des dividendes, utilisez-les pour acheter davantage d'actions, augmentant ainsi votre exposition au marché.

6. Explorez les Programmes d'Investissement Automatique:

- Certains services d'investissement proposent des programmes d'investissement automatique qui arrondissent vos achats au montant supérieur, investissant ainsi les « petites pièces ».

Exemple: Si vous dépensez 9,50 euros, le programme arrondira automatiquement à 10 euros et investira la différence.

7. Économisez pour des Investissements Importants:

- Si votre budget est serré, économisez consciemment en réduisant les dépenses superflues. Constituez un fonds d'investissement distinct pour des opportunités d'investissement plus importantes.

Exemple: En renonçant à certaines dépenses non essentielles, vous pouvez accumuler un montant plus important pour des investissements ciblés.

8. Utilisez les Avantages Fiscaux Disponibles:

- Explorez les avantages fiscaux associés à certains types d'investissements, comme les comptes de retraite individuels (IRA) aux États-Unis ou les Plans d'Épargne en Actions (PEA) en France.

Exemple: Les contributions à un PEA peuvent bénéficier d'avantages fiscaux, réduisant ainsi votre passif fiscal.

9. Restez Informé et Ajustez Votre Portefeuille:

- Gardez un œil sur les performances de vos investissements et ajustez votre portefeuille en conséquence. Restez informé des opportunités émergentes sur le marché.

Exemple: Si une action que vous détenez augmente de manière significative, envisagez de prendre des bénéfices ou de réallouer vos actifs.

Progression vers des Investissements Plus Importants au Fil du Temps

1. Augmentez Votre Capacité d'Investissement:

- À mesure que votre revenu augmente, consacrez une partie de cette augmentation à vos investissements. Cela vous permettra d'augmenter progressivement la taille de vos positions.

Exemple: Si vous obtenez une augmentation de salaire, envisagez d'augmenter la partie que vous investissez chaque mois.

2. Réinvestissez les Bénéfices:

- Lorsque vous réalisez des bénéfices significatifs, envisagez de les réinvestir dans des opportunités plus importantes. Cela stimule la croissance de votre portefeuille.

Exemple: Si une action génère des gains importants, réinvestissez ces gains plutôt que de les retirer.

3. Diversifiez Votre Portefeuille:

- À mesure que votre portefeuille prend de l'ampleur, diversifiez davantage. Explorez des opportunités d'investissement plus variées pour réduire les risques.

Exemple: En plus des actions, considérez l'ajout d'obligations, de fonds communs de placement ou d'autres classes d'actifs.

4. Consultez un Conseiller Financier:

- Lorsque vos investissements deviennent plus importants, envisagez de consulter un conseiller financier. Un professionnel peut vous aider à affiner votre stratégie et à maximiser vos rendements.

Exemple: Un conseiller financier peut fournir des conseils personnalisés en fonction de vos objectifs financiers et de votre tolérance au risque.

Faire croître votre portefeuille, quel que soit votre budget

Investir avec un budget limité nécessite créativité et discipline, mais c'est un moyen essentiel de commencer à bâtir votre patrimoine financier. En suivant des stratégies intelligentes, en maximisant l'utilisation des ressources disponibles et en progressant vers des investissements plus importants au fil du temps, vous pouvez faire croître votre portefeuille, même avec des moyens financiers modestes. Souvenez-vous, l'essentiel est de commencer et de rester fidèle à votre plan d'investissement à long terme.

24. Évolution des Stratégies d'Investissement

L'un des aspects cruciaux de l'investissement est sa capacité à évoluer en tandem avec les changements, qu'ils soient personnels ou économiques. Dans ce chapitre, nous examinerons les ajustements nécessaires en réponse à ces fluctuations, soulignant l'importance de réviser périodiquement votre stratégie d'investissement.

Ajustements Nécessaires en Fonction des Changements Personnels

1. Évolutions de la Tolérance au Risque:

- Votre tolérance au risque peut évoluer au fil du temps en raison de changements dans votre vie personnelle, professionnelle ou financière. L'ajustement de votre portefeuille en fonction de cette tolérance est essentiel.

Exemple: Si vous avez une famille à charge, votre tolérance au risque peut diminuer, nécessitant une réduction de l'exposition aux investissements plus volatils.

2. Changements dans les Objectifs Financiers:

- Les étapes de la vie, telles que le mariage, l'achat d'une maison ou la planification de l'éducation des enfants, peuvent influencer vos objectifs financiers. Révisez votre stratégie pour aligner vos investissements sur ces nouvelles priorités.

Exemple: Si vous planifiez l'achat d'une maison dans les cinq prochaines années, ajustez votre portefeuille pour inclure des investissements plus stables.

3. Évolutions de la Situation Professionnelle:

- Les changements dans votre carrière, tels qu'une promotion ou une transition vers une carrière indépendante, peuvent avoir des implications financières significatives. Adaptez votre stratégie en conséquence.

Exemple: Une augmentation de salaire peut permettre d'augmenter les montants investis chaque mois ou d'explorer des opportunités d'investissement plus importantes.

4. Changements dans la Situation Familiale:

- Les événements familiaux tels que la naissance d'un enfant, un divorce ou un héritage peuvent impacter vos besoins financiers. Ajustez votre portefeuille pour répondre à ces nouveaux défis.

Exemple: Si vous devenez parent, vous pourriez réévaluer votre plan de retraite pour inclure des économies pour les frais d'éducation.

5. Changements dans le Niveau d'Endettement:

- La gestion de la dette peut varier au fil du temps. Des ajustements dans la stratégie d'investissement peuvent être nécessaires pour répondre à des changements dans le niveau d'endettement.

Exemple: La réduction de la dette peut libérer des fonds supplémentaires pour les investissements, tandis qu'une augmentation de l'endettement peut nécessiter une révision du plan financier.

Révision Périodique de la Stratégie d'Investissement

1. Examen Régulier du Portefeuille:

- Planifiez des examens réguliers de votre portefeuille pour évaluer la performance de vos investissements. Cela vous permet d'apporter des ajustements en fonction des conditions du marché.

Exemple: Si une catégorie d'actifs sous-performe régulièrement, envisagez de réallouer vos investissements vers des secteurs plus performants.

2. Adaptation aux Conditions Économiques:

- Les conditions économiques peuvent fluctuer, influençant la performance des investissements. Restez informé des tendances économiques et ajustez votre portefeuille en conséquence.

Exemple: En période de ralentissement économique, une stratégie plus conservatrice peut être préférable.

3. Rééquilibrage en Fonction des Objectifs à Long Terme:

- Vos objectifs financiers à long terme peuvent évoluer. Rééquilibrez votre portefeuille pour aligner les investissements sur ces nouveaux objectifs.

Exemple: Si votre objectif de retraite devient plus concret, vous pourriez rééquilibrer votre portefeuille en faveur d'investissements plus stables.

4. Alignement avec les Changements Législatifs:

- Les changements dans la législation fiscale ou financière peuvent nécessiter des ajustements dans votre stratégie d'investissement pour optimiser les avantages fiscaux.

Exemple: Une modification des lois fiscales pourrait influencer le choix des comptes d'investissement.

5. Consultation Régulière avec un Conseiller Financier:

- La collaboration régulière avec un conseiller financier peut offrir des perspectives précieuses. Un professionnel peut vous aider à naviguer à travers les changements personnels et économiques.

Exemple: Un conseiller financier peut recommander des ajustements en fonction de sa connaissance approfondie des marchés et de votre situation personnelle.

S'Adapter pour Prospérer

Évoluer avec souplesse est une qualité essentielle pour tout investisseur. Les changements personnels et économiques font partie intégrante de la vie, et votre stratégie d'investissement devrait refléter cette réalité dynamique. En ajustant votre portefeuille en fonction de votre tolérance au risque, de vos objectifs financiers changeants et des conditions économiques, vous maximisez vos chances de prospérer dans un monde financier en constante évolution. La révision périodique de votre stratégie d'investissement est la clé pour rester sur la voie du succès financier à long terme.

25. Le Rôle de l'Économie Mondiale dans les Investissements

L'économie mondiale exerce une influence majeure sur les marchés financiers, et les investisseurs avertis comprennent l'importance d'analyser ces tendances mondiales pour ajuster efficacement leur stratégie d'investissement. Dans ce chapitre, nous explorerons comment l'économie mondiale impacte les marchés financiers et fournirons des conseils pratiques pour naviguer à travers les vagues de la finance globale.

Analyse de l'Économie Mondiale et son Impact sur les Marchés Financiers

1. Indicateurs Économiques Mondiaux:

- Les investisseurs surveillent de près des indicateurs tels que la croissance économique mondiale, le taux de chômage, et l'inflation. Ces données fournissent des indices cruciaux sur la santé économique mondiale.

Conseil: Tenez-vous informé des publications régulières de rapports économiques mondiaux pour ajuster votre stratégie en fonction des tendances.

2. Fluctuations des Taux de Change:

- Les mouvements des devises mondiales influencent les rendements des investissements internationaux. Les changements dans les taux de change peuvent créer des opportunités ou des défis pour les investisseurs.

Conseil: Diversifiez votre portefeuille en incluant des investissements dans différentes devises pour atténuer le risque lié aux fluctuations des taux de change.

3. Impact des Politiques Économiques Mondiales:

- Les décisions des banques centrales et des gouvernements du monde entier ont un impact significatif sur les marchés financiers. Les politiques monétaires et fiscales peuvent influencer la confiance des investisseurs.

Conseil: Soyez attentif aux discours des responsables de la politique économique mondiale et ajustez votre portefeuille en conséquence.

4. Tendances Géopolitiques:

- Les événements géopolitiques, tels que les conflits, les accords commerciaux et les tensions entre nations, peuvent provoquer des fluctuations sur les marchés financiers.

Conseil: Gardez un œil sur les développements géopolitiques et anticipez leurs impacts potentiels sur vos investissements.

5. Influence des Marchés Émergents:

- Les marchés émergents jouent un rôle de plus en plus important dans l'économie mondiale. La croissance de ces marchés peut créer des opportunités, mais elle peut également introduire de la volatilité.

Conseil: Considérez l'inclusion d'investissements dans les marchés émergents pour diversifier votre portefeuille.

Conseils pour Ajuster sa Stratégie en Fonction des Tendances Mondiales

1. Restez Informé des Événements Économiques Majeurs:

- Les événements économiques majeurs, tels que les récessions, les crises financières, et les changements de politiques économiques, peuvent avoir des répercussions mondiales. Restez informé pour ajuster votre portefeuille en conséquence.

Conseil: Utilisez des sources d'information fiables pour rester informé des événements économiques mondiaux.

2. Diversifiez Votre Portefeuille sur le Plan International:

- La diversification internationale réduit le risque lié à la concentration dans un seul marché. Considérez des investissements dans des marchés étrangers pour équilibrer votre portefeuille.

Conseil: Explorez des fonds communs de placement internationaux ou des ETF qui offrent une exposition à des marchés mondiaux.

3. Ajustez Votre Exposition aux Devises:

- Les fluctuations des taux de change peuvent impacter les rendements. Évaluez régulièrement votre exposition aux devises et ajustez-la en fonction des prévisions économiques.

Conseil: Utilisez des instruments financiers tels que les contrats à terme pour gérer le risque de change.

4. Anticipez les Tendances Géopolitiques:

- Bien que les événements géopolitiques soient souvent imprévisibles, une compréhension globale des tendances géopolitiques peut aider à anticiper certains scénarios et à ajuster votre portefeuille en conséquence.

Conseil: Évaluez régulièrement l'impact potentiel des développements géopolitiques sur vos investissements.

5. Évaluez la Santé des Marchés Émergents:

- Les marchés émergents peuvent offrir des opportunités de croissance, mais ils présentent également des risques. Évaluez la santé économique des marchés émergents et ajustez votre exposition en fonction.

Conseil: Considérez les fondamentaux économiques des pays émergents avant d'investir.

Une Vision Globale pour des Investissements Éclairés

Comprendre le rôle de l'économie mondiale dans les investissements est essentiel pour tout investisseur. En analysant les tendances économiques mondiales, en ajustant votre portefeuille en fonction des événements économiques majeurs et en anticipant les développements géopolitiques, vous pouvez naviguer avec succès à travers les vagues de la finance globale. Gardez une vision globale, soyez prêt à ajuster votre stratégie en fonction des tendances mondiales, et positionnez-vous pour des investissements éclairés dans un monde financièrement interconnecté.

26. Investissement dans les Secteurs en Croissance

Investir dans les secteurs en croissance est une stratégie visant à capitaliser sur les opportunités de développement et d'innovation. Ce chapitre se penchera sur l'identification des secteurs à fort potentiel de croissance, tout en évaluant les risques spécifiques associés à chaque secteur.

Identification des Secteurs à Fort Potentiel de Croissance

1. Technologie et Innovation:

- Le secteur technologique est souvent un moteur majeur de croissance. Identifiez les entreprises innovantes qui introduisent de nouvelles technologies ou qui dominent le marché avec des solutions novatrices.

Conseil: Recherchez des sociétés impliquées dans l'intelligence artificielle, la cybersécurité, la biotechnologie et d'autres domaines technologiques en pleine expansion.

2. Énergies Renouvelables:

- Avec un accent croissant sur la durabilité, les énergies renouvelables connaissent une croissance rapide. Cherchez des opportunités d'investissement dans les sociétés axées sur les énergies propres et les technologies vertes.

Conseil: Explorez les secteurs de l'énergie solaire, éolienne, des batteries et de l'efficacité énergétique.

3. Santé et Bien-être:

- Le vieillissement de la population et la préoccupation croissante pour la santé créent des opportunités dans le secteur de la santé. Identifiez des entreprises œuvrant dans les domaines de la biotechnologie, de la télémédecine et des technologies de la santé.

Conseil: Recherchez des sociétés qui développent des traitements innovants, des dispositifs médicaux avancés et des solutions de santé numérique.

4. Éducation en Ligne:

- La technologie a transformé l'éducation, ouvrant la voie à des opportunités d'investissement dans l'éducation en ligne. Identifiez les entreprises qui offrent des plates-formes d'apprentissage virtuelles et des services éducatifs innovants.

Conseil: Considérez les tendances éducatives émergentes telles que la formation en ligne, les cours à la demande et les technologies éducatives.

5. Biens de Consommation Éthiques:

- La demande croissante pour des produits éthiques et durables crée des opportunités dans le secteur des biens de consommation. Cherchez des entreprises qui adoptent des pratiques responsables et qui répondent aux préoccupations environnementales des consommateurs.

Conseil: Explorez les secteurs de l'alimentation biologique, des produits durables, et des biens de consommation éthiques.

Évaluation des Risques Spécifiques à Chaque Secteur

1. Volatilité Technologique:

- Le secteur technologique peut être volatile en raison des rapides changements technologiques et de la concurrence féroce. Évaluez attentivement la stabilité et la compétitivité des entreprises technologiques.

Conseil: Diversifiez votre portefeuille en incluant des entreprises technologiques de différentes tailles et spécialités.

2. Dépendance aux Subventions:

- Certains secteurs, comme les énergies renouvelables peuvent dépendre de subventions gouvernementales. Évaluez les politiques gouvernementales et les risques liés à la réduction ou à la suppression de ces subventions.

Conseil: Restez informé des politiques gouvernementales et diversifiez votre portefeuille au-delà des secteurs fortement subventionnés.

3. Règlementation dans le Secteur de la Santé:

- Le secteur de la santé est souvent soumis à une réglementation stricte. Évaluez les risques associés aux changements de réglementation qui pourraient affecter les produits ou services des entreprises.

Conseil: Choisissez des entreprises ayant une solide conformité réglementaire et une capacité à s'adapter aux changements.

4. Concurrence Féroce dans l'Éducation en Ligne:

- Le secteur de l'éducation en ligne est compétitif. Évaluez la qualité des offres éducatives, la notoriété de la marque et la capacité à rester compétitif sur le marché.

Conseil: Investissez dans des entreprises qui offrent une valeur ajoutée unique, telle que des programmes éducatifs spécialisés.

5. Éthique et Responsabilité Sociale:

- Les entreprises axées sur la responsabilité sociale peuvent être confrontées à des risques liés à la perception du public. Évaluez la crédibilité et l'engagement de ces entreprises en matière d'éthique.

Conseil: Choisissez des entreprises qui intègrent des pratiques éthiques et durables dans toutes les facettes de leurs opérations.

Naviguer avec Sagesse dans les Eaux de la Croissance Sectorielle

Investir dans les secteurs en croissance offre des opportunités exceptionnelles, mais cela s'accompagne également de risques spécifiques à chaque secteur. En identifiant les secteurs à fort potentiel de croissance et en évaluant soigneusement les risques associés, les investisseurs peuvent naviguer avec sagesse dans les eaux de la croissance sectorielle. Diversifiez votre portefeuille, restez informé des tendances du marché et adaptez votre stratégie en fonction des évolutions sectorielles pour tirer le meilleur parti des opportunités d'investissement.

27. Gestion des Actifs Numériques

Les actifs numériques, tels que les crypto-monnaies, ont émergé comme une classe d'investissement dynamique et innovante. Dans ce chapitre, nous explorerons l'univers en constante évolution des crypto-monnaies et autres actifs numériques, en mettant l'accent sur leur introduction en tant qu'investissements, tout en considérant les aspects cruciaux de sécurité et de réglementation.

Introduction aux Investissements en Crypto-monnaies et Autres Actifs Numériques

1. Crypto-monnaies comme Nouvelle Classe d'Actifs:

- Les crypto-monnaies, telles que Bitcoin et Ethereum, ont émergé comme une nouvelle classe d'actifs. Elles sont basées sur la technologie de la blockchain, offrant une décentralisation et une sécurité uniques.

Exemple Réel: Bitcoin, créé en 2009, est souvent considéré comme la première crypto-monnaie et demeure un actif numérique majeur.

2. Tokens Non Fongibles (NFTs):

- Les NFTs représentent des actifs numériques uniques et indivisibles, souvent utilisés pour représenter des œuvres d'art, des propriétés virtuelles ou d'autres biens uniques.

Exemple Réel: Un NFT représentant un dessin numérique a été vendu aux enchères pour des millions de dollars.

3. DeFi (Finance Décentralisée):

- La DeFi représente des services financiers basés sur la blockchain, éliminant la nécessité d'intermédiaires traditionnels. Cela inclut des prêts, des échanges, et des services d'épargne décentralisés.

Exemple Réel: Les plateformes DeFi telles que Compound et Aave permettent aux utilisateurs de gagner des intérêts sur leurs crypto-monnaies.

4. Staking et Récompenses:

- Le staking implique le verrouillage de crypto-monnaies pour soutenir les opérations du réseau et recevoir des récompenses en retour.

Exemple Réel: Des cryptomonnaies telles que Tezos offrent des récompenses aux détenteurs qui participent au staking.

5. Évolution des Actifs Numériques:

- En plus des crypto-monnaies, de nouveaux actifs numériques émergent régulièrement. Cela inclut des tokens liés à des actifs du monde réel, des protocoles DeFi, et d'autres innovations.

Exemple Réel: Les tokens représentant des parts d'entreprises ou des biens immobiliers sont de plus en plus populaires.

Considérations de Sécurité et de Réglementation

1. Sécurité des Portefeuilles et des Échanges:

- La sécurité revêt une importance cruciale dans le monde des actifs numériques. Les investisseurs doivent prendre des mesures pour sécuriser leurs portefeuilles et choisir des plateformes d'échange réputées.

Exemple Réel: Les cas de piratage d'échanges, tels que celui de Mt. Gox en 2014, soulignent l'importance de la sécurité.

2. Risques de Volatilité:

- Les actifs numériques sont souvent sujets à une volatilité significative. Les investisseurs doivent être prêts à faire face à des fluctuations de prix importantes.

Exemple Réel: La chute dramatique du prix du Bitcoin en 2018 a mis en évidence la volatilité inhérente à ce marché.

3. Réglementation en Évolution:

- Les réglementations entourant les actifs numériques sont en constante évolution. Les investisseurs doivent être conscients des développements réglementaires dans leur juridiction.

Exemple Réel: Certains pays ont adopté des réglementations claires sur les crypto-monnaies, tandis que d'autres cherchent encore à élaborer des cadres réglementaires.

4. Sécurité Juridique des Contrats Intelligents:

- Les contrats intelligents, utilisés dans la DeFi, nécessitent une sécurité juridique. Les investisseurs doivent comprendre les implications légales de l'utilisation de ces contrats autonomes.

Exemple Réel: Des incidents tels que le piratage du contrat intelligent "The DAO" en 2016 ont mis en lumière les défis liés à la sécurité.

5. Conformité Fiscale:

- La conformité fiscale est un aspect crucial des investissements en actifs numériques. Les investisseurs doivent s'assurer de respecter les lois fiscales applicables.

Exemple Réel: Certains pays taxent les gains en crypto-monnaies comme des revenus, tandis que d'autres les considèrent comme des gains en capital.

Naviguer avec prudence dans les mers numériques

La gestion des actifs numériques offre des opportunités excitantes, mais elle nécessite également une compréhension approfondie des risques et des considérations spécifiques à ce secteur. En investissant dans des crypto-monnaies, des NFTs, la DeFi, et d'autres actifs numériques, les investisseurs peuvent participer à une révolution financière. Cependant, il est impératif de naviguer avec prudence, en prenant des mesures de sécurité adéquates, en surveillant les développements réglementaires, et en comprenant les implications fiscales. La gestion des actifs numériques ouvre de nouvelles perspectives, mais la sagesse réside dans la navigation prudente au sein des mers numériques en constante évolution.

28. Investir dans l'Éducation Financière

Investir dans l'éducation financière est une démarche cruciale pour quiconque aspire à une gestion financière avisée et à la construction de la richesse. Ce chapitre explorera l'importance de l'éducation financière continue, mettant en lumière les bénéfices tangibles qu'elle offre, tout en fournissant des ressources et des recommandations pour rester informé dans le monde financier en constante évolution.

L'Importance de l'Éducation Financière Continue

1. Éclairer les Décisions Financières:

- L'éducation financière fournit les connaissances nécessaires pour prendre des décisions éclairées. En comprenant les concepts tels que la budgétisation, l'investissement, et la planification fiscale, les individus peuvent mieux naviguer dans leur vie financière.

Exemple: Un individu bien informé peut choisir des options d'investissement alignées sur ses objectifs plutôt que de suivre des conseils sans comprendre les implications.

2. Autonomie Financière:

- L'éducation financière donne aux individus le pouvoir de prendre en charge leur propre bien-être financier. Ils peuvent élaborer des stratégies adaptées à leur situation spécifique et éviter les pièges financiers courants.

Exemple: Une personne autonome financièrement peut élaborer un plan de remboursement de dettes structuré pour sortir plus rapidement de l'endettement.

3. Préparation aux Événements de la Vie:

- La vie est parsemée d'événements imprévisibles. Une éducation financière solide aide à préparer les individus aux défis financiers, tels que les dépenses médicales inattendues, la perte d'emploi, ou les changements familiaux.

Exemple: Un fonds d'urgence constitué grâce à une planification financière préalable peut amortir l'impact financier d'une situation d'urgence.

4. Gestion de l'Endettement:

- Comprendre les tenants et les aboutissants des prêts, des cartes de crédit et de l'endettement est essentiel. L'éducation financière enseigne des stratégies pour gérer et réduire efficacement l'endettement.

Exemple: Une personne éduquée financièrement peut négocier des taux d'intérêt plus favorables et éviter l'accumulation excessive de dettes.

5. Optimisation des Investissements:

- Les connaissances financières permettent d'optimiser les investissements en fonction des objectifs spécifiques, du profil de risque et des conditions du marché. Cela favorise une croissance plus efficace du patrimoine.

Exemple: Un investisseur bien éduqué peut choisir des véhicules d'investissement adaptés à ses objectifs, que ce soit des actions pour la croissance ou des obligations pour la stabilité.

Ressources et Recommandations pour Rester Informé

1. Livres et Littérature Financière:

- De nombreux livres et publications offrent une mine d'informations sur divers aspects de la finance personnelle. Des classiques tels que "Père Riche, Père Pauvre" de Robert Kiyosaki ou "L'Homme le Plus Riche de Babylone" de George S. Clason continuent d'inspirer.

Recommandation: Explorer une variété de livres pour obtenir des perspectives diverses sur la gestion financière.

2. Cours en Ligne et Programmes d'Éducation:

- Des plateformes en ligne proposent des cours sur la finance personnelle, l'investissement et la planification budgétaire. Des organisations réputées comme Coursera, Udemy, et Khan Academy offrent des ressources accessibles à tous.

Recommandation: Suivre des cours adaptés au niveau de connaissance actuel et évoluer progressivement vers des sujets plus avancés.

3. Podcasts et Vidéos Éducatifs:

- Les podcasts financiers et les chaînes YouTube éducatives fournissent des informations actuelles et des conseils pratiques. Des experts partagent leurs connaissances sur des sujets allant de l'investissement à la gestion des impôts.

Recommandation: Écouter régulièrement des podcasts ou regarder des vidéos pour rester informé des tendances et des conseils.

4. Forums et Communautés en Ligne:

- Participer à des forums financiers et à des communautés en ligne permet d'échanger des expériences et de poser des questions. Des sites comme Reddit proposent des espaces dédiés à la finance personnelle.

Recommandation: Contribuer à des discussions en ligne et apprendre des expériences d'autres personnes.

5. Conseillers Financiers Certifiés:

- Lorsqu'une expertise personnalisée est nécessaire, faire appel à un conseiller financier certifié peut être bénéfique. Ces professionnels peuvent fournir des conseils spécifiques en fonction des besoins individuels.

Recommandation: Choisir un conseiller financier certifié avec des références solides et des valeurs alignées sur vos objectifs financiers.

Semer les Graines de la Prospérité Financière

Investir dans l'éducation financière est une stratégie à long terme pour cultiver la richesse par la connaissance. Les bénéfices de cette démarche se manifestent dans toutes les sphères de la vie financière, de la prise de décision quotidienne à la planification pour l'avenir. En accédant à des ressources diverses, en restant curieux et en mettant en pratique les connaissances acquises, chacun peut semer les graines de la prospérité financière et évoluer vers une maîtrise complète de son bien-être financier.

Conclusion

En concluant ce voyage à travers les pages de ce livre, nous nous retrouvons à la croisée des chemins, armés de connaissances et d'outils pour sculpter notre avenir financier. Ce livre a été conçu pour être bien plus qu'un simple guide; il se veut une boussole, vous orientant vers la prospérité à travers une compréhension approfondie et éclairée des principes fondamentaux de l'investissement.

Au fil des chapitres, nous avons exploré les fondements de l'investissement, navigué à travers les stratégies permettant de libérer notre avenir financier des chaînes de la dette, et plongé dans les eaux complexes de l'analyse financière. Nous avons contemplé la diversité des opportunités, des actions aux investissements immobiliers, des entreprises innovantes aux marchés émergents. Nous avons même exploré les horizons numériques des crypto-monnaies et des actifs numériques, des territoires en constante évolution où les opportunités cohabitent avec les défis.

À travers chaque mot, chaque concept, nous avons cherché à vous armer d'une compréhension profonde et éclairée, insufflant une confiance fondée sur le savoir. Nous avons abordé les aspects psychologiques de l'investissement, soulignant l'importance de rester calme face aux fluctuations du marché et de prendre des décisions rationnelles.

Les derniers chapitres ont éclairé des aspects cruciaux de la planification financière personnelle, de la gestion des risques à la nécessité de l'éducation continue. Nous avons semé les graines d'une richesse cultivée par la connaissance, avec l'espoir que chaque lecteur les fasse germer dans son propre jardin financier.

C'est ici, à la fin de ce manuel, que l'investisseur émerge transformé. Non seulement armé d'une boîte à outils robuste, mais également doté de la sagesse nécessaire pour ajuster sa stratégie en fonction des vents changeants de l'économie mondiale. Nous avons exploré des scénarios concrets, examiné des succès et des défis, et brossé un tableau complet de ce que signifie réellement investir pour demain.

N'oubliez pas, l'investissement est un art et une science en constante évolution. Les stratégies qui ont réussi hier pourraient nécessiter une adaptation aujourd'hui. Restez curieux, restez informé, et surtout, restez fidèle à vos objectifs financiers.

Alors que nous refermons ce livre, nous vous invitons à prendre ce savoir nouvellement acquis et à le transformer en action. Car au final, la richesse n'est pas seulement mesurée en chiffres, mais en la qualité de vie que vous pouvez créer pour vous-même et vos proches.

Que votre parcours financier soit florissant et que chaque page de ce guide serve de point de départ pour une aventure fructueuse dans le monde de la richesse et de l'investissement.

Bon vent vers un avenir financier prospère !

Sommaire

108